초판 2쇄 2019년 12월 5일
초판 1쇄 2017년 1월 10일

글 김성삼 | 그림 김준식

펴낸이 정태선
펴낸곳 파란정원(자매사 책먹는아이)
출판등록 제395-2010-000070호
주소 서울시 서대문구 모래내로 464 2층(홍제동)
전화 02-6925-1628 | 팩스 02-723-1629
제조국 대한민국 | 사용연령 8세 이상 어린이
홈페이지 www.bluegarden.kr | 전자우편 eatingbooks@naver.com
종이 다올페이퍼 | 인쇄 조일문화인쇄사 | 제본 선명

글ⓒ김성삼 2017
ISBN 979-11-5868-104-3 74410
　　　979-11-5868-103-6 74410(세트)

이 책은 저작권법에 따라 보호받는 저작물이므로 무단 전재와 무단 복제를 금지하며,
이 책 내용의 전부 또는 일부를 이용하려면 반드시 저작권자와 파란정원(자매사 책먹는아이)의 동의를 얻어야 합니다.
*잘못된 책은 구입하신 서점에서 바꿔 드립니다.

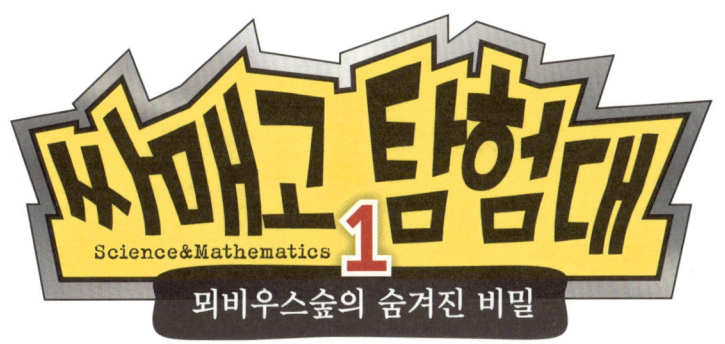

글 김성삼 | 그림 김준식

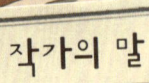

싸매고(Science&Mathematics&Go) 탐험대와 원리 속으로 출발!

*싸매다는 '무엇을 싸서 풀어지지 아니하게 꼭 매다.'라는 뜻이에요.

    선생님은 어린 시절 전라남도의 남단 조그만 섬에서 자랐어요. 지금은 멋진 다리가 놓여 차로 다니지만, 그 당시에는 고흥에서 배를 타고 들어가는 곳이었지요. 푸른 바다와 산들이 멋지게 어우러진 곳으로 친구들과 함께 산과 들에서 뛰놀고, 매일 매일 새로운 모험을 떠나는 상상을 하며 꿈을 키웠어요. 그래서인지 선생님 마음에는 늘 모험에 대한 동경이 있었어요.

    하지만 요즘 친구들은 뛰노는 시간보다 학교와 여러 학원에 다니며 늘 시간에 쫓겨 공부합니다. 공부를 힘들어하는 친구들도 참 많아졌고, 몸으로 하는 놀이보다는 컴퓨터나 스마트폰을 이용하며 놀이문화도 예전과는 사뭇 달라졌지요. 이런 모습을 보면서 어떻게 하면 우리 어린이들이 선생님의 어린 시절처럼 건강하게 뛰놀면서도 공부할 수 있을까 고민을 하게 되었어요.

    그리고 이 고민을 싸매어* 만든 이야기가 '싸매고 탐험대'의 모험 이야기입니다. 이 책은 모험심이 강한 재민이, 천방지축 돌격대장 찬혁이, 새침한 왈가닥 소녀 세라, 인간 내비게이션 동진이가 엉뚱하지만 매력적인 천재 삼촌 나 박사와 함께 오랜전 비밀에 싸여 사라진 수학 유물을 찾아 탐험을 떠나는 이야기예요. 싸매고 탐험대와 함

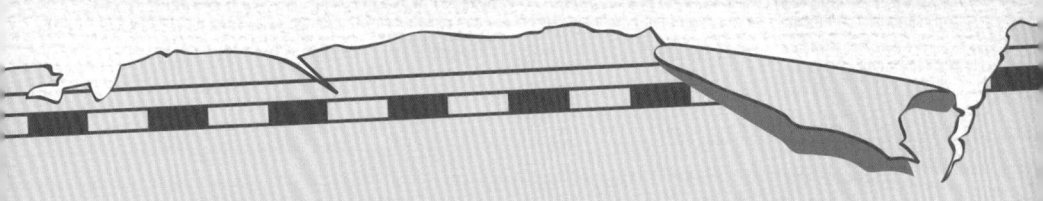

께하는 이야기를 읽다 보면 어렵게 느껴지던 수학과 과학의 개념들이 술술 풀려나가며 이해가 될 거예요. 그러는 동안 자연스럽게 4, 5, 6학년에서 배우는 교과서 속의 수학과 과학의 원리들을 습득하게 된답니다.

  요즘은 시험을 치르는 방식과 평가하는 방법이 많이 달라졌어요. 알고 있는 것을 묻는 것에서 나아가 어떻게 생각하는 가를 평가하기 때문에 지식과 함께 지식에 대한 이해와 여러분의 생각을 키워 가는 것이 훨씬 중요하지요. 이것을 해결할 방법과 해답이 바로 책이랍니다.

  이제는 학교에서도 책을 읽고 책의 주제를 통해 여러 과목을 통합하여 배우게 될 거라고 해요. 저는 이 책이 여러분에게 그런 도움이 되었으면 좋겠어요. 여러분이 선생님의 책을 읽고 수학과 과학의 원리들이 머릿속에 싸매지는 데 도움이 된다면 정말 기쁠 거예요. 또한, 이 책을 통해 실생활에 적용되는 살아있는 수학, 과학 지식을 찾아갈 수 있었으면 좋겠어요.

  자, 그럼 이제 싸매고 탐험대와 함께 우리의 멋진 지식과 원리를 꽁꽁 싸매러 출발해 볼까요?

글쓴이 *김성삼*

차례

숲속 보물찾기 대회 · 8

모험이 시작되다 · 26

밀림 속으로 · 40

뫼비우스의 숲에 빠지다 · 57

카피몽을 만나다 · 94

숨겨진 매직매스마을 · 102

생각하는 힘을 키우는 공간 · 116

동굴에서 피는 꽃 · 140

면적의 마법 · 155

매직매스학파의 숨겨진 보물 · 173

안전을 위한 정면돌파 · 194

김 교수의 편지 · 209

탈출 · 227

숲속 보물찾기 대회

"웬 사람들이 이렇게 많아?"

찬혁이가 옆에서 투덜거렸다. 언뜻 보기에도 대단히 많은 사람들이 모인 것 같았다. 족히 수십 개 팀은 되어 보였다.

"저 나라 사람들은 왜 저렇게 키가 클까? 우리보다 머리 하나는 더 있는 것 같아."

돌아보니 세계 여러 나라의 참가자들이 눈에 띄었다. 숲속 보물을 찾기 위해 각국에서 몰려든 사람들이었다. 북유럽 쪽 사람들은 유독 키가 크고 날씬했다. 중국 팀은 모두 머리를 빡빡 밀어 소림사에서 참가한 듯했고, 남미 팀은 자다가 온 듯 부스

스한 모습이었다. 대학생 같아 보이는 예쁜 누나들로 구성된 팀도 눈에 띄었다.

긴장감이 흐르는 가운데 어디선가 깔깔대는 익숙한 웃음소리가 들렸다. 바로 세라였다. 세라는 자기의 생각을 거침없이 표현하고 남의 눈치를 잘 보지 않았다. 그런 성격대로 오늘도 주변 상황에 신경 쓰지 않고 큰 소리로 웃고 있었다.

다들 약간의 긴장감과 경계심 속에 상대를 바라보고 있었다. 보물이 있는 위치가 유출된 것은 아닌지, 다른 팀 분위기는 어떤지 서로를 의식하는 것 같았다.

"치, 저 사람들은 다 뭐야? 보물도 상금도 다 내 거라고!"

찬혁이가 중얼중얼 혼잣말을 했다.

"그게 말처럼 쉽겠어?"

혼잣말하는 찬혁이에게 세라가 말했다.

마음이 여린 동진이는 불안한지 손톱을 잘근잘근 깨물고 있었다. 집 생각도 나고 학교 생각도 났다. 재민이도 생각이 많았다. 자신이 친구들과 삼촌을 설득해 여기까지 왔지만, 막상 와 보니 덜컥 겁도 나고 잘할 수 있을까 하는 불안한 마음이 들었다.

'그래도 삼촌이 같이 계셔서 다행이야.'

재민이는 삼촌에게 눈을 돌렸다. 삼촌도 팔짱을 끼고 눈을 감은 채 무언가를 곰곰이 생각 중이었다.

"에이, 어떻게든 되겠지? 잘될 거야. 암, 그렇고말고."

재민이는 스스로 자신에게 주문을 걸듯 중얼거렸다. 본인이 주도해서 이곳까지 오게 된 이상 어떻게든 잘돼야 했다.

대한민국 서울.

집에서 재민이와 찬혁이가 레슬링을 하며 놀고 있었다.

"야! 잠깐만 쉬자. 더 이상은 힘들어서 못 하겠어."

찬혁이가 이마에 송골송골 맺힌 땀을 닦으며 말했다.

"그럴까? 그럼 소파에 앉아서 잠깐 텔레비전 좀 볼까?"

재민이가 리모컨을 집으려고 가는데 신문에 '보물찾기 우승자 1억'이라는 글씨가 보였다. 아빠가 아침에 보다가 출근하면서 놓고 간 신문의 광고였다.

"어! 이게 뭐야? 찬혁아, 이거 봐봐. 보물찾기 대회에서 우승하면 상금이 1억이래."

"에이, 1억이 말이 되냐?"

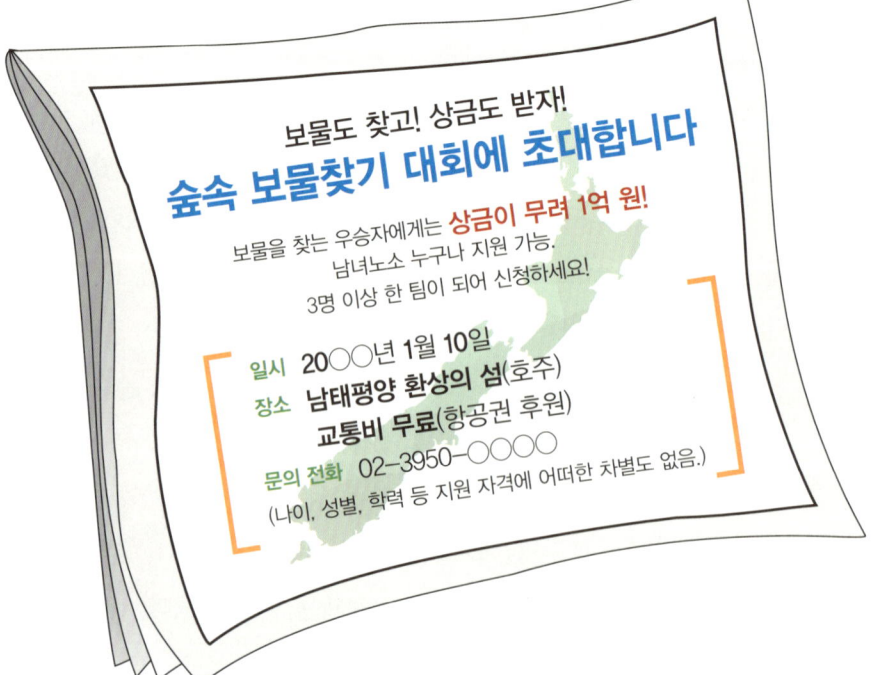

찬혁이가 시큰둥하게 대답했다.
"그러긴 한데, 여기 분명하게 나와 있다고. 자, 여기 봐봐."
재민이가 신문을 건넸다.
"보물찾기 우승자에게는 상금이 1억. 진짜네! 이거 완전 재밌겠는데?"
호기심에 차 찬혁이는 광고를 한 글자 한 글자 소리 내어 읽었다.
"그치, 찬혁아. 일단 전화나 한번 해 볼까!"
재민이가 신문에 나온 번호를 눌렀다.
'뚜루루루…… 뚜루루루…….'
연결음이 한참을 울린 후 안내원이 전화를 받았다.
"여보세요! 신문에 난 보물찾기 대회 광고를 보고 전화드렸는데요. 진짜로 우승팀에게 상금 1억을 주나요?"
"자슥, 다짜고짜 상금부터 이야기하냐?"
옆에서 듣고 있던 찬혁이가 재민이를 구박했다.
"그럼요. 저희는 미국에 본사를 두고 세계 20여 개 나라에 지사를 두고 있는 다국적 기업으로 매해 서바이벌 탐험 프로젝트와 함께 숲속 보물찾기 대회를 실시하고 있습니다."
"아, 네……."
"이 대회를 통해 모험심이 강하고 도전 정신이 뛰어난 인재들을 지속적으로 발굴 육성하고 있습니다. 올해가 다섯 번째 대회로 우승팀은 상금 1억 원을 받게 됩니다. 그리고 저희 인재 개발팀에서 우수 인력으로 스카우트하게 됩니다."

'우와, 정말이네.'

재민이는 침이 꿀꺽 넘어갔다.

"또한, 이번 대회는 저희 자회사인 국제 항공사에서 교통비 전액을 후원하여 무료입니다. 자세한 것은 홈페이지 공지 사항을 살펴보시고, 참가하시려면 홈페이지에서 응시 원서를 다운받아 응모하시기 바랍니다."

"네, 잘 알겠습니다. 감사합니다."

'뚜뚜뚜······.'

전화가 끊겼다. 스피커폰으로 내용을 들은 찬혁이와 재민이는 누가 먼저랄 것도 없이 눈을 빛내며 흐뭇한 미소를 지었다.

"재민아, 이거 동진이한테 같이 가자고 하자. 지리적 감각과 보물을 찾는 센스는 우리 학교에서 제일 좋잖아."

"맞아. 동진이는 유치원 때도 보물찾기하면 늘 1등이었어."

재민이가 잠시 생각하더니 말을 이었다

"근데 어른도 있어야 하지 않을까?"

"글쎄. 나도 그 생각은 했는데, 우리랑 같이 가고 싶어 할 어른이 있으려나?"

그때 재민이에게 반짝하고 떠오른 사람이 있었다. 나덜렁 박사. 본명 나영준, 나이 47세, 수학연구소 연구원. 바로 재민이의 외삼촌이다. 엄마와도 제법 나이 차이가 있는 삼촌이지만, 재민이를 예뻐하고 귀여워해서 허물없이 지내는 편이었다. 한 가지 단점은 똑똑하지만, 게으르고 덜렁거린다는 것이었다. 그래서 별명이 나덜렁 박사였다.

"찬혁아, 그럼 우리 삼촌한테 전화 한번 해 볼까?"

"너희 삼촌이면, 나덜렁 박사님? 맨날 뒷짐 지고 어슬렁어슬렁 다니시는데 보물찾기를 잘할 수 있을까?"

"이래 봬도 실력은 최고인 분이야. 늘 조금 귀찮아하고 덤벙대는 게 문제지만, 아이큐 180인 멘사 회원이셔. 또, 엄마 말씀으로는 삼촌이 특수 부대 출신이래."

"정말?"

그때 재민이의 핸드폰이 울렸다.

"누구지? 앗, 세라다. 맞다, 오늘 숙제 같이하기로 했는데…… 죽었다."

"야! 너 약속 시각 안 지킬 거야?"

수화기 너머로 세라의 앙칼진 목소리가 들렸다.

"아이고. 귀야. 귀청 떨어지겠다. 미안해. 지금 찬혁이랑 있는데 깜빡했어."

재민이는 보물찾기로 생각이 가득 차 세라와의 약속을 까맣게 잊고 있었다.

"세라야, 미안한데 숙제는 내일 하자. 미안 미안, 내가 내일 맛있는 거 사 줄게."

재민이가 싹싹 빌며 세라에게 사과하고 전화를 끊었다.

"하여간 성질하고는. 무슨 여자애가 이렇게 다짜고짜 화부터 내냐? 얘는 평소에는 엄청 도도한 척하다가도 성질이 나면 앞뒤 안 가리고 이렇게 소리부터 지른다니까."

재민이 말에 찬혁이가 고개를 끄덕이며 웃었다.

"찬혁아, 그러지 말고 우리 세라도 같이 데리고 가자. 세라가 영어 완전 잘하잖아. 외국에 나가는데 영어 잘하는 사람이 한 명이라도 있어야지."

"모두 남자들인데, 괜찮을까?"

찬혁이가 머뭇거리며 대답했다.

"에이, 이런 데 남자, 여자가 어딨어? 세라 은근히 성격 털털하고 좋아. 괜찮지? 내가 세라하고 삼촌한테 전화할게. 넌 동진이한테 지금 바로 전화해."

이렇게 나영준 박사, 재민, 찬혁, 동진, 세라는 한팀이 되었다. 원서를 내고 다음 날 숲속 보물찾기 대회 참가자로 선정되었다는 연락이 왔다.

 잠시 후 닫혀 있던 앞문이 열리며 두 사람이 들어왔다. 키가 큰 젊은 남자와 선글라스를 쓴 중년 신사였다. 신사는 당당함이 넘치고 선글라스 속 날카로운 눈매에 괜스레 사람을 주눅 들게 하는 카리스마가 있었다.
 젊은 남자가 미간을 찌푸리며 모여 있는 사람들을 빙 둘러보았다. 그리고는 앞에 있는 종을 '땡! 땡! 땡!' 세 번 쳤다.
 "자, 조용히 해 주십시오."
 하지만 여기저기서 아직도 이야기하는 소리가 들렸다. 다시 한 번 '땡! 땡! 땡!' 종을 세 번 쳤다.
 "지금부터 저의 지시 사항을 따르지 않는 팀은 무조건 실격 처리하겠습니다. 저의 이야기에 귀 기울여 주십시오."
 실격이라는 말에 한순간 모두 조용해졌다.
 "이곳에 모이신 여러분을 환영합니다. 지금부터 이번 대회 미션을 공개하겠습니다."
 실내가 조용해진 것을 확인한 젊은 남자가 두루마리를 꺼내 읽기 시작했다.
 "제5회 숲속 보물찾기 대회 미션! 현재 위치는 좌표 1번이다. 보물은 좌표 2번 숲에 숨겨져 있다. 보물을 찾아 좌표 3번으로 오라. 좌표 1, 2, 3은 모두 위도 35, 경도 140 지점의 15km 반경에 있다."
 "그런데 보물은 무엇입니까?"

누군가가 손을 들고 말했다.
"그건 저희도 말해 줄 수 없습니다."
"무엇인지도 모르는 보물을 저희가 어떻게 찾을 수 있단 말입니까? 보물이 무엇인지 알아야 찾을 수 있지요."
"여러분이 스스로 생각해서 보물이라고 생각되는 것을 찾아오면 됩니다. 그곳에 가 보면 보물이라고 생각되는 것을 발견할 수 있을 것입니다."
순간 사람들이 불만에 가득 차 웅성거렸다.
"아니 보물이 무엇인지를 알아야 찾든 말든 할 것 아니야? 보물이 무엇인지도 모르는데, 설사 그것을 찾았더라도 '이것은 보물이 아닙니다.'라고 하면, 그땐 뭐라고 해야 돼?"

"조용히 하세요, 조용히!"

젊은 남자가 탁자를 두드리며 소리쳤다.

"저희 게임 규칙에 불만 있으신 분은 지금이라도 돌아가십시오. 그러면 됩니다."

'에이, 엄청 불친절하군. 이거 뭐 기분 나빠서 못해 먹겠어.'

찬혁이가 속으로 생각했다.

"그렇다면 보물의 위치라도 정확하게 말해 줘야 하지 않을까요? 15km 반경이라면 꽤 넓은 지역인데, 어떻게 그곳을 전부 뒤질 수 있습니까? 보물이 구체적으로 무엇인지도 모르는 상태에서 그쪽 지역을 다 뒤져서 찾는다는 건 불가능하다고 생각됩니다."

여기저기서 '옳소.'라는 소리가 났다. 한쪽에선 박수 소리까지 들렸다.

"거, 그놈 말 한번 잘하는군."

답답했던 나 박사의 속이 시원해지는 것 같았다.

"제가 답변드리겠습니다."

중년 신사가 얼굴에 살짝 웃음을 띠며 주위를 둘러보았다.

"우리는 수많은 지원서를 검토하였고, 그중에서 가장 능력이 뛰어나다고 판단되는 한 팀을 나라별로 선발하였습니다. 보물이 무엇인지 모르는 상태에서 광범위한 숲속을 뒤져서 보물을 찾는 일은 절대 쉽지 않을 것입니다. 하지만 우리는 이것이 절대 불가능하다고 생각하지 않습니다. 일단 그곳에 가 보면 보물을 찾을 수 있는 단서가 반드시 있을 것입니다. 지금은 말해 줄 수 없지만, 이건 모두에게 공평한 조건입니다. 이러한 어려운 조건을 딛고 보물찾기 1등을 하는 팀에게 상금 1억 원이 주어질 것입니다."

잠시 말을 멈춘 신사가 다시 말을 이었다.

"선택은 여러분이 하는 것입니다. 지금이라도 그만두고 싶은 팀은 그만두셔도 됩니다. 도전하고 싶은 팀만 생존 배낭을 받으십시오. 하지만 그때부터 모든 안전에 대한 책임은 저희가 지지 않고 참가자 여러분이 지게 됩니다. 배낭을 받는 순간부터 대회는 시작되고, 그때부터는 도중에 그만둘 수 없습니다."

권위 있고 힘 있는 말이었다. 그는 적절히 말을 맺고 끊으며 조리 있게 이야기하였다. 사람들은 앞에 선 신사의 논리에 눌려 어떠한 말도 할 수 없었다.

"그리고 대회를 마치는 시간은 이곳 물통에 물이 가득 찰 때까지입니다. 물은 10초에 1㎖씩 떨어지고, 이 통은 30ℓ로 이 통에 물이 넘치면 그때는 공식적인 게임이 종료되어 어떠한 상금도 지급해 드릴 수 없습니다."

신사의 옆에는 모래시계처럼 생긴 큰 기구가 있고, 물이 10초에 한 방울씩 떨어지고 있었다.

"지금부터 3분 동안 팀끼리 협의할 수 있는 시간을 주겠습니다. 3분 후 각 팀의 대표가 앞으로 나와 정확하게 게임 참가 여부를 밝혀 주시기 바랍니다."

신사의 말이 끝나고, 각 팀끼리 협의하기 시작했다.

"왠지 우리가 생각했던 것보다 위험할 수도 있을 것 같아. 괜

찾을까?"

재민이가 다소 걱정되는 말투로 친구들을 둘러보며 말했다.

"왜 이래, 여기까지 왔는데? 그래도 도전해 봐야지. 다들 안 그래?"

찬혁이는 자신 있다는 표정이었다.

"나도 찬성. 그런데 통에 물이 가득 차려면 얼마나 시간이 걸리는 거지?"

세라가 물었다.

"10초에 1㎖씩 떨어지면 1분 동안은 1㎖×6(60초)=6㎖ 떨어지는 거고, 1시간이면 6㎖×60분=360㎖ 떨어지게 돼. 그럼 하루에 360㎖×24시간=8,640㎖고, 이것을 리터로 바꾸면 1ℓ는 1,000㎖니까 하루에 8.64ℓ가 떨어지게 되는 거야."

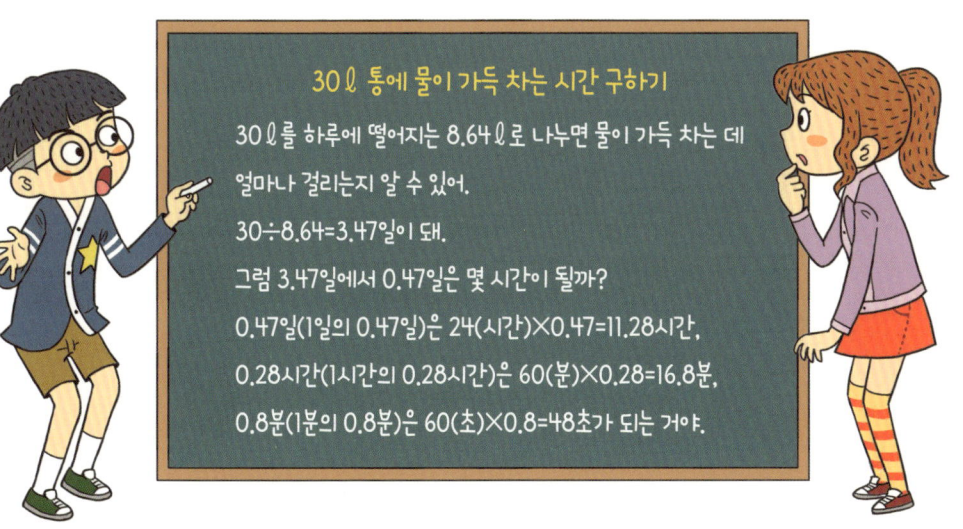

30ℓ 통에 물이 가득 차는 시간 구하기

30ℓ를 하루에 떨어지는 8.64ℓ로 나누면 물이 가득 차는 데 얼마나 걸리는지 알 수 있어.

30÷8.64=3.47일이 돼.

그럼 3.47일에서 0.47일은 몇 시간이 될까?

0.47일(1일의 0.47일)은 24(시간)×0.47=11.28시간,

0.28시간(1시간의 0.28시간)은 60(분)×0.28=16.8분,

0.8분(1분의 0.8분)은 60(초)×0.8=48초가 되는 거야.

 교과서에서 찾아볼까!

시간을 단위에 맞게 자유롭게 바꾸기

분수나 소수로 표시된 시간을 실제 시각으로 나타내는 것은 문장제로 응용되어 자주 등장하는 문제이다. 따라서 단위에 따라 자유롭게 바꿔서 계산할 수 있어야 한다.

예제

1시간은 60분, 2시간은 120분이다. 그럼 $\frac{1}{4}$ 시간은 몇 분인가?

풀이 과정

$\frac{1}{4}$ 시간(1시간의 $\frac{1}{4}$ 시간)은 60분의 몇 분이 되는지 알기 위해

① 분수로 생각하면,

$$\frac{1}{4} = \frac{\square}{60} 분$$

$$\square = \frac{1}{4} \times 60 = \frac{1 \times 60}{4} = \frac{60}{4} = 15분$$

② 비례식으로 생각하면,

$$1 : \frac{1}{4} = 60 : \square, \quad \square = \frac{1}{4} \times 60$$

예) $\frac{1}{6}$ 분=10초, $3\frac{1}{5}$ 시간=3시간 12분, 2.5시간=2시간 30분

"그래서 이것을 종합하면 지금부터 3일 11시간 16분 48초 안에 보물을 찾아야 하는 거야."

수학 박사로 통하는 재민이가 대답하였다.

"오, 차재민 대단하다."

"그런데 박사님 재민이 말이 맞긴 맞는 거예요?"

재민이 실력에 깜짝 놀란 찬혁이가 물었다.

"계산이 맞긴 한데, 음…… 사실 11시간 16분 49초가 되어도 괜찮을 거야. 저런 통 위에서는 물의 표면장력으로 인해 방울방울 물을 동그랗게 쌓아 올라가거든. 생각보다 통 위로 더 많은 물이 쌓일 수 있을걸."

나 박사가 웃으며 대답했다.

3분이 지났다. 정확히 일곱 팀이 포기 의사를 밝혔다.

"일곱 팀이 포기 의사를 밝혔습니다. 더 이상 게임을 포기하실 팀 없으신가요?"

"없습니다!"

힘찬 대답 소리가 여기저기서 들렸다.

"그럼 남은 팀들은 모두 참가하는 걸로 진행하겠습니다. 여기 계신 모든 분께 행운을 빕니다."

말을 마치고 그들은 사람들이 모여 있는 무리 사이로 내려왔다. 천천히 통로를 따라 밖으로 걸어 나오며, 여기저기 참가자들을 살피고 사람들과 눈인사를 했다.

"저 아저씨 굉장히 높은 사람인 것 같은데, 왠지 재수 없어."

세라가 얼굴을 찌푸리며 말했다.

"나도 좀 그래."

동진이가 대답했다. 그런데 밖으로 나가려던 신사와 젊은 남자가 방향을 바꿔 무리 속에 있던 나 박사 일행에게 뚜벅뚜벅 다가왔다.

"앗, 이쪽으로 온다. 방금 우리가 한 말을 들었나 봐."

동진이가 세라의 옆구리를 쿡 찔렀다.

"뭐야? 정말 여기로 오잖아. 아이, 어떡해? 진짜 들렸나?"

세라도 잔뜩 긴장했는지 어깨를 움츠렸다. 신사는 성큼성큼 걸어오더니 나 박사에게 말을 걸었다.

"한국에서 오신 나영준 박사님 아니십니까?"

나 박사가 깜짝 놀라 대답했다.

"아, 네 그렇소만. 저를 아십니까?"

"네. 지원서에서 사진과 경력이 기재된 것을 보았습니다. 저도 젊었을 때 한국에서 잠깐 회사 생활을 한 적이 있었거든요. 한국에서 오신 분들이라 조금 더 관심 있게 보았습니다."

"아, 그렇군요. 조카 부탁으로 어쩌다 보니 이곳까지 오게 되었네요."

나 박사가 머리를 긁적이며 대답했다.

"탐험 잘 하시고 마지막까지 건투를 빌겠습니다."

"네, 고맙습니다."

중년 신사는 인사 후 살짝 미소를 머금어 보였다. 매서운 눈빛 속에 표정이 드러나지 않는 얼굴이었다. 신사는 나 박사와 악수를 하고 오던 방향으로 다시 뚜벅뚜벅 걸어 나갔다. 뒤따르던 남자가 나 박사와 아이들을 다시 한 번 힐끔 쳐다보았다.

"우리가 조금 유명 인사긴 한가 봐요. 저쪽 사람들이 이 많은 사람 중에서 우리를 다 알아보고……. 일단 알아봐 주니 기분은 좋은데요."

찬혁이가 말했다.

"내가 지원서를 잘 써서 사람들이 우리를 다 알아보는 거야."

재민이가 큰소리로 우쭐거렸다.

"난 이렇게 알아보는 거 하나도 안 반갑구나."

나 박사는 괜히 찜찜한 마음이 들어 기분이 좋지 않았다.

"과연 보물을 찾을 수 있을까?"

밖으로 나온 두 남자가 이야기했다.

"실력은 검증됐으니 한번 믿어 봐야죠."

"숲속은 워낙 변수가 많아서……. 아무튼 계속 모니터 확인하고 상황 보고 해. 어떤 일이 벌어질지 모르니 넌 계속 대기하고!"

"네."

잠시 후 스피커로 방송이 나왔다.

"게임에 참가하는 분들은 순서대로 지급품을 받아주시기 바랍니다. 이제부터 게임을 시작하겠습니다."

그리고는 게임 시작을 알리는 큰북 소리가 숲속 가득 울렸다.

'둥둥둥둥둥.'

공부에 도움이 되는 수학·과학 톺아보기

★톺아보기란?
'샅샅이 더듬어 가면서 살피다.'
라는 순우리말입니다.

1. 보기처럼 시간을 바꾸어 보시오.

   1일=24시간, $\frac{1}{2}$일=12시간, 1시간=60분, $\frac{1}{3}$분=20초

   ❶ $\frac{1}{4}$일=   시간, 1.5일=   시간, $2\frac{1}{3}$일=   시간

   ❷ 2시간=   분, 2.4시간=2시간   분

   $3\frac{2}{5}$시간=3시간   분

   ❸ 3분=   초, 3.5분=   초, 1시간=   초

2. 재민이는 탐험지에서 미션을 수행하는데 $1\frac{1}{4}$시간을 사용하였고, 찬혁이는 2.3시간을 사용하였다. 미션 수행을 하는데 누가 더 많은 시간이 걸렸는지 풀이 과정을 쓰고 답을 구하시오.

   풀이 과정

   답

모험이 시작되다

나 박사와 아이들은 각자의 배낭을 지급 받았다. 팀 지급품은 지령지, 지도, 무전기 3대. 개인별 지급품은 손전등, 비상식량과 물 3일분, 나이프, 성냥 및 기타 야영 필수품이었다. 팀별 지급품을 대표로 받은 재민이가 지시문을 꺼내 들었다.

"아까 들으셨겠지만, 제가 다시 큰 소리로 읽어 보겠습니다."

- 현재 위치는 좌표 1번이다.
- 보물은 좌표 2번 숲에 숨겨져 있다.
- 보물을 찾아 좌표 3번으로 오라. (좌표 1, 2, 3은 모두 위도 35, 경도 140지점으로 15km 반경에 있음.)

정말 간단한 미션지였다.

"진짜 단순하다. 근데 조금 겁나."

동진이는 불안한 마음을 감추지 못했다. 용기 있게 선뜻 지원하긴 했지만, 두려운 마음이 드는 것은 다른 사람들도 어쩔 수 없었다.

"얘들아, 기분이 어때?"

나 박사가 아이들을 돌아보며 조용히 말했다.

"사실은 나도 무지 떨리고, 조금 두렵단다."

모두 눈이 동그래져 나 박사를 쳐다보았다.

"이런 상황에서 걱정되고 불안한 마음이 드는 건 당연한 거야. 두려운 마음이 드는 것 자체를 어찌할 수 없지. 하지만 용기 있는 사람은 무섭고 두려운 마음이 들 때 '그럼에도 불구하고' 해낼 수 있어. 아무것도 무서운 게 없다는 것은 아직 무서운 게 뭔지 모르는 거지, 용기가 있는 게 아니야. 난 너희들이 진정한 용기 있는 사람이길 바란다."

"박사님, 멋진 말이에요. 진정한 용기는 '그럼에도 불구하고' 하는 것이군요."

세라는 나 박사의 말이 감동적으로 다가왔다.

지급 받은 물품을 확인하다 두꺼운 비닐봉지가 보였다. 손바닥만 한 크기의 봉지는 밀봉된 상태로 아주 가벼웠고, 겉에는 비상식량이라고 쓰여 있었다.

"이런 거 처음 보지? 이걸 비상식량이라고 하는데, 음식을 가공해서 건조시켜 만든 거란다. 뜨거운 물을 부으면 우리가 먹을 수 있는 음식이 되는 거야. 그러니까 이건 밥, 이건 국, 그리고 이건 반찬이야. 각자 3일 치씩 아홉 끼 식사가 있구나."

"일단 이것이라도 먹을 게 있다는 게 어디예요? 병만족처럼 아무것도 안 주면 어떡하나 걱정했는데 다행이에요."

긍정적인 찬혁이는 비상식량이 신기하고 만족스러웠다.

"난 일단 먹을 것만 있으면 만사 오케이야."

"무전기도 있어요."

까맣고 네모난 모양의 무전기가 가방 안에 3대 있었다.

'위급상황에서 사용하시오. 반경 3km 안에서 연락 가능!'

무전기 뒤에 붙여진 문구가 보였다.

"일단 지도랑 나침반을 좀 볼까?"

나 박사가 평평한 바닥에 지도를 펼치고 나침반을 꺼내 그 위에 올렸다. 지도에는 동서남북 표시와 함께 위도와 경도, 간단한 지형과 등고선 등이 나와 있었다. 또 현재 위치와 보물이 숨겨져 있는 목적지, 도착 지점의 좌표가 지도에 1, 2, 3번으로 표시되어 있었다. 나 박사는 나침반을 북쪽으로 맞춘 후 지도를 빙글빙글 돌려 나침반의 북쪽과 지도의 북쪽을 일치시켰다.

"박사님, 근데 나침반 N극이 가리키는 곳이 왜 북쪽인 거죠?"

평소 지리에 관심 있던 동진이가 물었다.

"음, 그건 지구에 나침반의 바늘을 계속 당기는 곳이 있단다. 지구의 북반구 중에서 캐나다 부근 허드슨만 부샤 반도에 천연자력 지대가 있는데, 이곳에서 나침반의 자석을 당겨 N극이 북쪽을 가리키게 한단다. 또, 지구의 구 자체가 커다란 하나의 자

석으로 자기장을 만들어서 나침반의 자석은 늘 이곳을 향하게 되지."

"지구가 하나의 커다란 자석이라는 말씀이네요. 그럼 나침반이 없을 때는 북쪽을 찾을 수 없나요?"

"나침반이 없을 때는 북극성이 가리키는 방향으로도 북쪽을 찾을 수 있어. 북두칠성과 카시오페이아의 가운데쯤 있는 별인데, 그 북극성이 가리키는 방향이 북쪽이란다. 조금 어렵긴 하지만 북극성이 가리키는 방향을 진북이라고 하고, 나침반이 가리키는 방향은 자북이라고 해."

"그럼 낮에 나침반이 없을 때는요?"

동진이가 또 물었다.

 "별이 없는 낮에는 숲속의 여러 가지 지형지물을 이용해야 하지. 나무를 잘랐을 때 나이테가 넓게 벌어져 있는 곳이 남쪽이고, 간격이 촘촘한 곳이 북쪽. 또, 나뭇잎이 햇빛을 향하기 때문에 잎이 상대적으로 좀 더 무성하고 크게 자라 있는 쪽이 남쪽일 가능성이 높아. 반대로 생각하면 습기가 많고, 그늘지고 이끼가 많은 쪽이 있다면 그쪽이 북쪽이 될 가능성이 높겠지."
 나 박사는 계속 말을 이어갔다.
 "자, 이것을 살펴보면 지금 보물이 있다고 추정되는 곳은 좌표 2번 지점이야. 현재 이곳은 좌표 1번 지점으로 1:50,000 지도상에서 지금 20cm가 떨어져 있어. 그럼 실제 거리가 몇

km 정도 되는 거니?"

"글쎄요. 4학년 때 배우긴 했는데 정확히 모르겠어요."

"1:50,000 지도는 지도의 1cm가 실제 지형에서 50,000cm 라는 것은 알고 있지?"

"네. 대충 알아요."

"아이고 이놈아, 대충 알면 안 돼. 그러니까 1:50,000 지도는 1cm가 50,000cm로 되어 있는 것으로, 지도상 20cm는 실제 거리로 보면 50,000×20=1,000,000cm, m로 고치면 10,000m, km로 고치면 10km 떨어져 있는 거야."

나 박사는 굉장히 해박한 지식을 자랑했다.

"박사님! 어젯밤 여기 오시기 전에 밤새워 공부하셨어요? 어떻게 그렇게 잘 아세요?"

동진이가 과장되게 놀란 척하며 물었다.

"이놈아! 이 정도는 기본이다. 탐험 대회에 참가하는 애가 그런 기본적인 ABC도 모르면 되겠니? 아, 요즘 애들 왜 이래? 내가 이상한 것인가, 네가 이상한 것인가?"

매주 개그 박스를 보는 개그 마니아 나 박사는 뜬금없이 썰렁한 개그를 하며 개그맨 흉내를 냈다.

"박사님 썰렁해요. 아까까진 멋있었는데 그건 좀……."

세라가 웃으며 나 박사를 말렸다. 나 박사의 말에 후덥지근했던 더운 열기가 사라지는 것 같았다. 추운 한국과 다르게 이곳 날씨는 매우 더웠다. 한국은 겨울이었지만, 이곳 호주는 여름이었기 때문이다. 세라는 어제 공항에서 내리며 나 박사로부터 계절이 반대되는 이유를 배웠었다.

"아이고, 왜 이렇게 힘이 드냐? 좀이 쑤셔 죽는 줄 알았네."

기다리던 비행기 착륙 방송이 나오고 시드니 공항에 도착하자 찬혁이가 한마디 했다. 인천공항부터 시드니공항까지 10시간 동안 앉아 오며, 온몸이 경직되고 팔다리가 뻑뻑한 게 아주 죽을 맛이었다.

비행기 문이 열리고 바깥의 더운 열기가 얼굴로 전해졌다.

"와! 왜 이렇게 덥냐? 지금 겨울 아니야?"

동진이가 뜨거운 열기에 화들짝 놀랐다.

"우리나라는 적도 위쪽인 북반구에 있고, 여기 호주는 남반구에 있어서 계절이 반대야. 그래서 여기는 여름이지."

뒤에 있던 나 박사가 말했다.

태양의 고도가 높으면 더운 여름이고, 낮으면 추운 겨울이 돼. 한낮이 가장 뜨거운 것도 같은 원리지.

"아, 네. 그런데 왜 그렇게 되는지 잘……."

동진이가 머리를 긁적였다.

"설명하자면 태양은 지구를 비추고 있고, 지구는 태양 주위를 공전하잖아. 그런데 지구가 반듯한 수직이 아니고 자전축을 중심으로 23.5도 기울어져 있거든. 그래서 고도가 높을 땐 태양 빛을 많이 받아 여름이 되고, 고도가 낮을 땐 태양 빛을 적게 받아 겨울이 되는 거야."

나 박사가 펜으로 들고 있던 신문에 그림을 쓱쓱 그려 보여 주었다.

"적도를 중심으로 한국은 위쪽 북반구에 있고, 호주는 아래쪽 남반구에 있어. 그래서 우리나라가 여름일 땐 겨울이 되고, 우리나라가 겨울일 땐 여름이 돼. 호주에서는 산타클로스 할아

버지가 수영복 입고 해변에서 요트를 타고 다니지. 고도와 계절이 모두 정반대가 돼서 그러는 거야."
 나 박사의 설명은 짧지만, 매우 명확했다.
 '수영복을 입고 다니는 산타클로스 할아버지? 왠지 박사님 같으신데……'
 세라는 나 박사를 보며 엉뚱한 생각에 피식 웃음이 나왔다.

 나 박사는 지도를 보며 골똘히 생각에 잠겼다.
 '보물은 우리가 있는 곳에서 10km 정도 떨어진 곳에 있다. 길을 찾기 위해 가장 먼저 해야 할 일은 나침반의 북쪽과 지도상의 북쪽을 맞추어야 한다. 그리고 현재 내가 서 있는 위치를 지도상에 표시하고, 그곳에서 목적지까지 갈 수 있는 가장 좋은 길을 지도상에서 찾아야 한다. 그 후에 지도상의 길과 실제 지형을 비교하면서 길을 잃지 않도록 나침반에 의지해서 앞으로 나가야 한다.'
 나박사는 생각할수록 머리가 복잡해졌다.
 '하지만 이런 깊은 숲속 밀림에 좋은 길이 있을 리 없다. 사람이 다녔던 길을 찾되 길이 없으면 만들어서라도 보물을 찾아가야 한다. 3일 동안 보물을 찾기는 결코 쉽지 않고, 어찌 보면 매우 어려운 미션임에 틀림없다.'
 특수부대에서 배웠던 여러 가지 이론과 경험들을 하나씩 되뇌며 나 박사는 생각이 깊어졌다.
 '이런 어린 친구들을 데리고 이런 밀림 속에서……. 앞날이

참 걱정되는구먼. 혜정이의 부탁으로 오긴 했는데, 이런 곳일 줄이야…….'

나 박사는 고민스러웠다. 재민이가 처음 전화했을 때 나 박사는 재민이의 말을 듣지도 않고 바로 거절했었다. 나 박사는 자신이 잘 모르는 일에는 간섭하거나 나서려 하지 않았다. 그런데 고집을 꺾지 않은 재민이가 엄마에게 나 박사를 설득해 달라고 부탁했다.

나 박사는 그날 일이 떠올랐다. 연구소가 쉬는 날이라 오랜만에 집에서 한가한 오후 시간을 보내고 있었다. 나 박사의 핸드폰에서 익숙한 번호가 뜨며 전화벨이 울렸다.

"어, 혜정아. 웬일이야?"

혜정이는 재민이 엄마의 이름이다. 재민이 엄마가 중학생 때 부모님이 돌아가시고 8살 위인 나 박사가 재민이 엄마를 부모처럼 돌봐 늘 애틋하고 각별했다. 재민이 엄마 역시 어릴 때부터 애교가 많아서 나 박사를 따르고 잘 안겼다.

"오빠, 재민이 전화 받았어?"

"응, 나한테 무슨 보물찾긴가 뭔가 같이 가자고 막 졸라서 그냥 듣지도 않고 바쁘다고 끊어 버렸지. 상금이 1억이라나 뭐라나 친구들하고 같이 간다고 뭐라 뭐라 하던데. 근데 왜 무슨 일 있어?"

"아니 재민이가 그곳에 너무 가고 싶어 해서 오빠한테 부탁 좀 하려고. 나도 살펴봤는데 나름 괜찮은 것 같더라. 그래서 오빠가 같이 가 줬으면 해서……."

"너까지 왜 그래? 1억짜리 보물찾기가 말이 돼? 무슨 말이 되는 얘길 해야지."

나 박사가 당치 않다는 듯 잘라 말했다. 하지만 재민이 엄마는 나 박사에게 계속해서 부탁했다. 자신도 홈페이지에 들어가서 확인한 거라며 끊임없이 나 박사를 설득했고, 나 박사는 재민이 엄마의 끈질긴 요구에 몇 번 거절하다가 결국 알겠노라고 승낙해 버린 것이다.

'지 나이가 몇 살인데 콧소리로 애교를 부려…….'

나 박사는 그때 일이 떠올라서 혼자 피식 웃었다.

"애들아! 일단 지도와 나침반을 보니까 이쪽으로 가면 될 것 같아. 일단 이동하기 쉬운 완만한 능선 쪽으로 가자. 모두 출발!"

속으로는 고민이 많았지만, 나 박사는 개그맨 박명주 흉내를 내며 천연덕스럽게 말했다.

"크크크, 박사님 완전 재밌으셔."

세라가 또 한 번 웃음이 터졌다.

나 박사 일행은 지도에서 가리키는 대로 동남쪽 아래 5시 방향으로 방향을 잡았다. 길눈이 밝은 동진이가 앞장서고 찬혁이, 세라, 나 박사, 재민이 뒤를 따랐다.

"무 경위 아침밥은 먹었냐?"

문을 열고 건장한 한 사내가 들어오며 말을 건넸다.

"아니요. 어젯밤 내내 집사람한테 혼만 나고 아침밥을 안 줘서 쫄쫄 굶고 왔습니다."

"어쩐지, 니 얼굴 보니까 다크서클이 어깨까지 내려왔다. 그러니까 평소에 좀 잘하지 그러냐? 그 착한 제수씨가 밥을 안 챙겨 줄 정도면 니가 얼마나 못하고 사는지 말 다했지."

"그게 아니라 선배님, 제가 마누라 바가지에 일방적으로 당한 거예요."

이곳은 대한민국 서울경찰서 국제 범죄팀. 두 명의 건장한 경찰이 사무실 안에서 아침 인사를 주고받는 중이었다. 실내에 들어와서도 옷 벗을 생각을 하지 않고 둘 다 두꺼운 파카를 입고 있었다. 실내 난방 온도가 18도로 맞춰져 있어 히터를 틀어도 늘 추운 느낌이었다.

"아, 이거 사무실에서 입김이 나올 정도니, 원. 추워서 일을 할 수가 있나?"

추위를 많이 타는 김 경감이 투덜거렸다.

"그래도 국가적으로 전력난이 심각하다는데 저희부터 솔선수범해야죠. 선배님은 저의 자랑스러운 멘토 아니십니까? 어찌 민중의 지팡이께서 그렇게 불평불만을 하시는지?"

"그래 인마, 니 팔뚝 아니 니 똥 굵다. 너도 나이 들어 봐라. 그런 말이 나오나?"

나이 든 선배와 후배가 티격태격 장난스럽게 말을 이어갔다. 선배는 43살의 김치밀 경감, 후배는 37살의 무대뽀 경위로 둘 다 서울경찰서 국제 범죄팀 소속이었다. 국제 범죄팀은 주로 국제법을 위반한 여러 경제 범죄나 죄를 짓고 외국으로 나가거나 숨어 있는 범죄자들을 인터폴과 서로 공조하여 잡는 일을 하였다.

　김치밀 경감은 경찰대학교를 졸업하고 15년여 동안 국제 범죄팀에서 줄곧 일해 온 아는 것도 많고 노하우가 풍부한 베테랑이었다. 반대로 후배 무대뽀 경위는 김치밀 경감의 경찰대학교 6년 후배로, 이름에서 드러나듯이 막무가내로 밀어붙이는 저돌적인 성격의 소유자였다. 둘은 한 팀으로 7년 동안 일해 오며 나름 인정받는 투캅스였다.

　"근데 아직도 전혀 단서가 없나?"

　"네, 선배님. 전혀 흔적도 보이지 않습니다."

　"역시 유물왕다워. 어디서든 전혀 흔적을 남기지 않으니……."

　"그러게요. 정말 유령 같은 놈입니다. 어디에도 기록이 남아 있지 않습니다."

　"지금도 어디선가 일을 벌이고 있을 것 같은데……. 요즘 너무 잠잠하단 말이야."

　김 경감이 석연치 않은 표정으로 말했다.

공부에 도움이 되는 수학·과학 톺아보기

★톺아보기란?
'샅샅이 더듬어 가면서 살피다.'
라는 순우리말입니다.

1. 나침반도 없고, 항해 기술이 발달하지 않았던 옛날 사람들은 별자리를 보고 방향을 찾았다.

    ❶ 북두칠성과 카시오페이아 사이에 있는 별로 북쪽을 찾을 때 사용하였던 별의 이름은 무엇인가?

    ❷ ❶의 별을 중심으로 북두칠성과 카시오페이아의 별자리 그림을 그려 보시오.

2. 1:50,000 지도에서 지도상의 8cm는 실제 거리로 얼마인지 쓰시오.

3. 정글에서 모험을 시작한 재민이와 찬혁이는 각도기를 들고 태양의 고도를 재고 있다. 지금 시각은 오후 2시이며 태양의 고도는 45°로, 처음 측정 후 $3\frac{1}{4}$ 시간이 지난 뒤이다.

    ❶ 처음에 쟀던 태양의 고도가 나중 잰 것의 $\frac{1}{3}$ 배라면 처음 태양의 고도는 몇 도이며 몇 시에 잰 것인가?

    ❷ 태양의 고도가 높을수록 기온은 (올라간다, 내려간다)

4. 우리나라가 겨울일 때 호주는 여름이다. 그 이유를 지구의 공전과 자전 축을 중심으로 설명하시오.

밀림 속으로

　밀림에는 한국에서 보지 못했던 신기한 것들이 많았다. 처음 보는 온갖 희귀한 야생식물과 동물들이 가득했다. 또한, 식물의 크기가 한국과 비교도 안 되게 컸다. 두세 사람이 양팔을 뻗어도 잡지 못할 아름드리나무들이 곳곳에 있었다. 얼핏 봐도 높이가 아파트 10층은 돼 보였다. 또, 잎이 크고 무성하여 햇빛이 숲에 가려서 들어오지 않는 곳이 많았다. 그런 곳은 땅이 축축하고 질퍽거렸다. 끈적끈적한 바닥 때문에 신발 속으로 물기가 스며들었다.

　"이거 밤에 신발을 벗으면 발 냄새가 아주 고약하겠어."

"네, 저도 신발이 다 젖었어요."

"조금 지나면 괜찮아질 거야. 그나저나 보물은 어디 있을까? 아직까진 도통 감을 잡을 수가 없구나."

뒤에서 따라오던 나 박사와 세라가 이야기를 나누고 있었다. 그때 동진이가 한쪽을 가리키며 말했다.

"박사님, 여기 보세요."

"우와, 이게 뭐냐?"

"그러게요. 얘들아, 여기 와서 봐봐."

그곳에는 책에서만 보던 진기한 광경이 펼쳐져 있었다. 큰 나무 밑에 빨간색 두툼한 잎을 가지고 있는 식물이 보였다. 식물의 꽃이 동물이 입처럼 활짝 벌린 게 왠지 무시무시했고, 잎끝으로 뾰족한 가시 같은 게 돋아나 있었다. 꽃 안에는 제법 큰 곤충들이 날개를 퍼덕이며 그곳에서 빠져나오려고 안간힘을 쓰고 있었다. 날개를 퍼덕이면 퍼덕일수록 식물 속 끈적이는 액체가 곤충을 달라붙게 하였다. 말로만 듣고 책에서만 보던 거대한 식충식물이었다.

"책에서 파리지옥이나 미모사 같은 것을 본 적은 있지만, 실제 이렇게 크고 무시무시한 꽃을 가진 식충식물은 처음이야. 하늘을 보고 잎이 활짝 펼쳐져 있는 모습이 곤충한테 어서 앉으라고 유혹하는 것 같아."

"그러게, 이 끈적이는 액체에 달라붙으면 작은 동물도 꼼짝 못 할 것 같아."

"맞아. 예전에 새도 꼼짝 못 하게 해서 잡아먹는 식충식물을

본 적이 있어. 어떤 느낌일까? 한 번 만져 보고 싶다."

찬혁이가 식충식물에 손을 뻗으며 다가갔다.

"그러지 마! 니 손도 달라붙으면 어떡하려고."

"에이, 설마."

찬혁이가 다시 만지려고 손을 뻗었다.

"하지 말라니까."

세라가 찬혁이의 손을 탁 쳤다. 갑자기 재민이는 예전 학교에 있는 여러 가지 나무를 꺾었던 일이 생각났다. 선생님께 혼이 나고 기분이 안 좋아 하굣길에 학교 뒷동산에서 자라던 나무를 부러뜨렸다. 또, 잔디밭에 들어가 아직 채 나오지 않은 싹을 생각 없이 발로 밟고 놀았던 일도 떠올랐다.

'맨날 곤충들이 잎을 갉아먹고 못살게 굴어 이 식충식물이 복수하는 건가? 맨날 꽃 따고 잔디 밟고 그랬는데, 쟤들이 내 머리를 입에 넣고 야금야금 녹이면······.'

재민이는 괜한 생각이 들어 고개를 흔들었다.

길을 떠난 지 어느덧 2시간이 지나갔다.

"박사님, 얼마나 왔을까요?"

동진이가 물었다.

"지금까지 목표 지점으로 가는데 $\frac{1}{5}$만큼 온 것 같아."

"그럼 앞으로 가는 데 얼마나 시간이 걸릴까요?"

"$\frac{1}{5}$만큼 오는 데 2시간 걸렸으니까, 2시간÷$\frac{1}{5}$하면 전체 걸릴 시간은 10시간이 되는 거야."

수학을 잘하는 재민이가 나 박사 대신 대답했다.

"조금 헷갈리는데······. 재민아, 2시간×$\frac{1}{5}$과 비교해서 설명해 줄 수 있어?"

동진이는 곱셈과 비교해 보면 좀 더 쉽게 이해될 것 같았다.

"응, 2시간×$\frac{1}{5}$은 2시간의 $\frac{1}{5}$이 얼마인가를 알아보기 위한 것이고, 2시간÷$\frac{1}{5}$은 어떤 것의 $\frac{1}{5}$이 2시간이라는 말인 거지."

"알 것도 같고 모를 것도 같아."

동진이가 고개를 갸우뚱했다.

"그럼 내가 다른 예를 들어 볼게."

재민이가 답하였다.

"조금 어려운 말로 하자면 분수 계산에서 곱셈은 전체를 알면서 부분을 구하려고 사용하는 것이고, 나눗셈은 부분을 알 때 전체를 구하려고 사용한다고 보면 돼. 일반적인 곱셈, 나눗셈과는 다르게 생각해야 해."

나 박사가 덧붙여서 설명해 주었다.

보물에 대한 기대와 설렘으로 분위기가 밝고 좋았다.

"우리 팀은 팀워크가 정말 좋은 것 같아요. 그렇죠, 삼촌?"

"그러게. 너희들이 힘을 합쳐 모험해 나가는 모습이 참 보기 좋구나. 평상시에도 이렇게 친하게 지냈니?"

"꼭 그렇지만은 않아요. 찬혁이랑 저는 유치원 때부터 같은 아파트에 살아서 제일 친하기도 하지만, 싸우기도 제일 많이 싸웠을걸요. 그치, 찬혁아?"

"맞아, 엄청 싸웠지. 절교 선언도 여러 번 하고, 다시 금방 화해하고 했지."

"원래 다 싸우면서 크는 거란다. 동진이랑 세라는 어떻게 알게 됐니?"

"동진이랑 저는 4년 내내 같은 반이었고, 찬혁이도 동진이랑 5, 6학년 때 같은 반이 되면서 친해졌어요."

재민이가 계속 말을 이어갔다.

"세라는 엄마끼리 고등학교 때부터 친한 친구였대요. 삼촌도 세라네 엄마 아시죠? 세라 얘는 완전 어릴 때부터 봐서 그런지 여자 친구라기보다는 남자 친구 같아요."

"치, 너만 그런 줄 알아? 나도 그렇거든."

세라도 웃으며 고개를 끄덕였다.

"그렇구나. 좋은 우정을 지닌 친구는 정말 소중한 거란다. 앞으로도 싸우지 말고 우정을 계속 쌓아가렴."

"네! 친한 친구들로 이루어진 팀인 만큼 협동해서 모험을 잘해 나가겠습니다."

동진이가 엄지손가락을 치켜들었다.

"그래. 우리 모두 함께 보물찾기 1등 한번 해 보자꾸나."

나 박사도 엄지손가락을 같이 치켜들었다.

"선배님, 드디어 놈들을 찾았습니다. 지금 놈들이 남태평양

쪽에 있는 것 같습니다."

무 경위는 컴퓨터 화면을 보면서 큰 소리로 외쳤다.

"그래?"

김 경감이 자리에서 벌떡 일어섰다.

"호주 인터폴에서 지금 막 보안 문서로 긴급 공문을 보내 왔는데, 그리 멀지 않은 섬에서 그들에 대한 여러 상황과 첩보가 입수되었다고 합니다."

"야! 무 경위. 빨리 그 공문 출력해 봐!"

"네. 선배님, 여기 있습니다."

무 경위는 호주 인터폴에서 보낸 공문 파일을 출력하여 김 경감에게 건넸다.

"이 자식 언제 거기까지 갔지? 미꾸라지 같은 놈. 도대체 안 다니는 곳이 없군. 항공사에 계속 탑승 금지 명단을 올려놓았는데, 어떻게 이렇게 쉽게 빠져나가는 거야?"

서류를 건네받은 김치밀 경감은 미간을 찌푸리며 꼼꼼하게 한 자 한 자 읽으며, 한숨을 푹 쉬었다.

"무 경위, 이 홈페이지로 들어가서 빨리 확인해 봐. 그리고 담당경찰서에 연락해서 이곳 서울 주소지에 즉시 순찰차 보내라고 해!"

홈페이지는 재민이가 접속해서 지원서를 제출했던 그 홈페이지였다. 김 경감은 베테랑답게 당황하지 않고 신속하게 업무를 지시했다.

김 경감은 유물왕을 떠올렸다. 유물왕 사건을 처음 접한 것은 지금부터 12년 전이었다. 김 경감이 국제 범죄팀에 입사한 지 얼마 되지 않았을 때 선배와 함께 맡았던 사건이었다.

파리 루브르박물관에 걸려 있던 인물화를 한국의 특별 전시장에 전시한 적이 있었다. 한 기업이 홍보 효과를 위해 많은 돈을 들여 그림을 빌려 들여왔는데, 어이없게도 이 그림이 가짜였다. 4주 동안의 전시가 끝나갈 즈음 그림의 진위 논란이 있었고, 결국 가짜로 판명되면서 한바탕 소동이 났다. 그때 그 그림을 가짜로 바꿔치기한 유력한 용의자가 유물왕이었다.

하지만 지지부진한 몇 달 동안 수사를 통해 나온 결과는 비행기로 그림이 배달되어 오는 도중 감쪽같이 바꿔치기 되었을 것이라는 정도였고, 범인의 어떤 형이나 흔적도 발견할 수는 없었다.

그 외에도 유물왕 관련 사건은 한두 건이 아니었다. 하지만 단 한 번도 명쾌하게 해결되지 못했다. 직접적인 증거가 없어서 증거 불충분으로 수사하지 못한 적도 많았다. 현장을 기습적으로 습격하면 늘 놈들은 일을 끝내고 유유히 그곳을 떠나고 없었다. 그리고 비웃음의 편지나 글귀가 그곳에 항상 남겨져 있었다.

> 머리가 나쁘니 손발이 고생하지. 그럼 난 이만, 으하하.

이런저런 생각을 하며 김 경감은 갑자기 분통이 터졌다.
'이번에는 내가 널 꼭 잡는다.'

김 경감은 주먹을 불끈 쥐었다.

"무 경위, 그리고 이 사건에 연루된 피해자들 확인하고, 더 늦기 전에 어서 이 집부터 전화해 봐."

김 경감이 무 경위에게 외쳤다.

한 1시간 정도 더 흘렀을까? 목표 지점까지 가려면 아직 한참을 더 가야 했다. 산등성이를 타고 넘어가는 동안 완만한 오르막길이 몇 분 동안 계속되었다.

"이곳은 오르막길이라 은근히 힘든 코스구나. 우리 모두 잠시만 쉬어 갈까?"

"엑설런트 초이스, 좋은 생각입니다. 박사님."

모두가 환영했다.

"여기가 좋을 것 같아요. 이쪽으로 오세요."

동진이가 가리킨 곳은 아름드리나무 밑으로 넓은 돌들이 있어 쉬기에 적당해 보였다. 바위 위에 앉아 나무에 등을 기대고 잠시 쉬려고 할 때였다.

"움직이지 마!"

나 박사는 큰 소리와 함께 손에 들고 있던 나뭇가지로 재민이 머리 위를 향해 내리쳤다. 전광석화 같은 나 박사의 손이 허공을 가르고 잠시 후에 툭 하고 무엇인가가 떨어졌다.

"앗! 이게 뭐야?"

모두 소스라치게 놀라 뒷걸음질 쳤다. 족히 2m는 될 것 같은 꽤 큰 뱀이었다. 머리부터 꼬리까지 검은빛을 띠고, 정삼각형

머리 모양을 가지고 있었다. 재민이의 머리 위로 똬리를 틀고 있던 뱀이 소리 없이 내려오는 것을 나 박사가 본 것이다. 뱀은 나 박사에게 일격을 당하고 바로 즉사한 것 같았다.

아이들은 나 박사의 새로운 모습에 모두 깜짝 놀랐다. 평소엔 어리숙하고, 모든 일에 느릿느릿 굼벵이 같은 모습이었지만, 지금은 번개보다도 더 빠르게 순간적인 판단으로 아이들을 위험에서 구해낸 것이다.

"이곳 숲속에 있는 타이판 독사구나. 맹독을 가지고 있어서 물리면 몇 분 안에 온몸에 마비가 오고, 호흡곤란으로 죽게 되는 무서운 뱀이란다. 만약 저런 독사에게 물리면 칼로 살을 찢어 몸에 독이 퍼지지 않게 바로 빨아내야 하지."

나 박사는 떨어진 뱀을 막대기로 걷어내 멀리 던져 버렸다. 수풀 뒤쪽으로 철퍼덕하며 죽은 뱀이 떨어지는 소리가 났다.

'전혀 빗나가지 않고 한 번에 독사의 머리를 명중시켰어. 그것도 엄청나게 빠른 손놀림으로……. 그냥 보이는 모습이 다가 아니었어.'

세라는 나 박사를 보며 생각했다.

"빨리 여기를 벗어나자꾸나. 다른 뱀들이 자기 친구가 죽은 걸 알고, 우리에게 복수하러 올지 모르잖니?"

나 박사가 장난스러운 표정으로 말했다.

"괜히 우리에게 접근해서 제 수명을 단축하다니……."

찬혁이가 죽은 뱀이 안타까운지 불쌍한 표정을 지었다.

"그러게 개구리, 들쥐 같은 작은 동물들을 먹고 사는 뱀이 쓸데없이 우리를 노렸어. 먹이사슬을 거스르고, 제멋대로 행동하는 애들이 꼭 있지 뭐야?"

"제가 우리를 먹으려고 왔겠냐? 그냥 어쩌다가 재수가 없어서 나 박사님께 걸린 거지."

"나 박사님 아니었으면 우리가 독사한테 물려서 세상과 안녕할 뻔했어."

"그건 그래."

종알종알하며 다들 한마디씩 했다.

"이놈들, 목숨을 구해줬더니 쓸데없는 말들이 많구나."

나 박사가 구시렁거렸다.

"그런데, 저런 뱀들이 죽으면 사체가 생기잖아. 사체는 어떻게 썩는 걸까?"

동진이가 물었다.

"사체가 생기면 죽은 생물들만 처리하는 작은 미생물들이 분해시켜 버려."

평소 책을 많이 읽은 세라가 대답했다.

"분해?"

"응, 동물이 죽거나 식물이 죽으면 그것들을 분해해서 썩게 하는 생물들이 있어. 그것을 우리는 분해자라고 하지."

"아, 그럼 죽은 것만 처리하는 분해 전담 처리반이 있다는 거야?"

"그렇지. 생물이 죽으면 그것을 분해자가 분해하는데, 곰팡이나 세균 등이 대표적이야. 나무가 죽으면 그곳에서 양분을 얻고 자라는 버섯도 대표적인 분해자라고 할 수 있지."

세라는 계속해서 말을 이어갔다.

"만약에 분해자가 없다면 동물이나 식물이 죽었을 때 그것이 썩지 않고 그냥 쌓이게 될 거고, 그럼 이 지구는 온통 사체 더미로 쌓여서 아무도 살 수 없게 될 거야. 그러고 보면 분해자는 지구에서 아주 중요한 역할을 하는 것 같아. 또, 죽은 것에만 곰팡이가 피어 썩게 하는 것도 참 신기한 일이지."

"아, 그렇구나. 난 음식물 쓰레기나 동물 사체에 곰팡이가 피면 더럽게만 생각했는데, 세라 말을 듣고 보니 정말 고마운 것들이었어."

찬혁이는 자연의 순리가 신기했다. 그리고 과학을 잘 아는 세라가 부러웠다.

"그럼 분해자 말고 다른 건 뭐가 있어?"

"지구의 생태계는 생물과 비생물적 환경 요인으로 나누어져. 생명이 있으면 생물이라 하고, 흙, 바위, 물, 공기처럼 생명이 없지만, 생명이 살아가는 데 꼭 필요한 것을 비생물적 환경 요인이라고 해. 생물은 분해자 외에 생산자와 소비자가 더 있어. 햇빛과 물로 광합성작용을 하여 양분을 스스로 생산해 내는 식물을 생산자라고 하고, 양분을 스스로 만들지 못하고 다른 것을 먹어야 살 수 있는 것은 소비자라고 하지. 소비자는 여러 종류가 있는데 식물을 먹고 사는 것을 1차 소비자, 1차 소비자를 먹으면 2차 소비자, 2차 소비자를 먹으면 3차 소비자. 그렇게 이름을 붙여 구분할 수 있어."

"그럼 곡식이 자란다고 하면 곡식을 먹는 쥐는 1차 소비자, 쥐를 먹는 뱀은 2차 소비자, 그리고 나 박사님은 뱀을 잡았으니까 3차 소비자가 되겠네."

찬혁이가 말했다.

"야 이놈아, 내가 그 뱀을 먹었냐? 날 왜 여기다 갖다 붙여?"

가만히 듣고 있던 나 박사가 말했다.

"음, 뭐 그렇게 비슷하다는 거죠."

나 박사는 어이가 없어 그냥 웃고 말았다.

"박사님, 그럼 아까 그 식충식물은 뭐예요?"

"그러네. 그것은 조금 특이한 경우네. 생산자긴 하지만 소비자까지 잡아먹는 생산자구나. 아무튼, 밀림에 오니 식충식물에 평소에 못 보던 뱀까지 구경하고 나름 스릴이 넘치는구나."

나 박사가 능청스럽게 웃었다.

"굉장히 위험했군. 독사에 물렸으면 정말 위험했을 거야."

이어폰을 끼고 상황판에서 모니터를 주시하던 한 남자가 말했다.

"왜 무슨 일 있나?"

"지금 막 독사에게 물릴 뻔했는데, 나 박사가 뱀을 순식간에 처리한 것 같습니다."

"아, 그랬나? 역시 김 교수에게 들었던 대로 대단하군."

사실 나 박사는 특수부대에서도 정예 요원 출신으로 전쟁이 일어나면 적의 심장부에 침투해 적의 본부를 파괴하는 임무를 맡았다. 어렸을 때부터 겁이 많고 소심했던 성격을 고치기 위해 특수부대에 자원입대했었다. 처음엔 죽을 듯이 고생하며 몸무게가 10kg 이상 빠졌지만, 차츰 부대 생활에 적응하고 열심히 훈련하면서 나 박사는 최정예 요원으로 탈바꿈했다. 게다가 300m 이상의 거리에 있는 목표물도 오차 없이 명중시키는 백발백중의 스나이퍼가 되었다.

"모였던 사람들은 다 어떻게 됐나?"

"모두 돈을 주고 돌려보냈습니다."

"별일 없겠지?"

"물론입니다, 실장님. 그 사람들은 자신들이 우리 회사 홍보를 위한 단순한 이벤트 행사에 참가한 것으로 알고 있습니다. 어제 다들 연기하는 거 보셨지 않습니까?"

"그렇지 다들 아주 진지하게 연기를 하더군. 또, 여러 나라에서 온 것처럼 잘 꾸몄어. 질문은 네가 시킨 거야?"

"네. 제가 질문할 거리를 작성해서 사전에 몇 명에게 주었습니다. 시드니에 워낙 다양한 나라 사람들이 살아서 모으는 데는 별로 어렵지 않았습니다."

"음, 아주 잘했어. 그나저나 보안이 걱정이긴 한데······."

"돈을 두둑이 주었기 때문에 아무 불만 없이 조용하게 넘어갈 겁니다. 만약 밖에서 이번 일을 말하면 받은 돈의 100배를 위약금으로 내도록 계약했습니다. 또, 입을 함부로 놀렸을 때 어떻게 될지 겁도 좀 줬고요. 이거야 제 전문 아닙니까?"

"흐흐흐, 잘했어. 아무튼, 뒤탈 없이 정리해! 이 이야기가 새어 나가면 우리의 모든 계획이 수포로 돌아간다."

"네, 여부가 있겠습니까? 실장님."

"내가 회장님께 보고하겠다. 앞으로 박 비서는 우리 회사의 탑 프로젝트에서 항상 핵심 임무를 맡게 될 거야. 그럼 네가 상상할 수도 없었던 어마어마한 돈도 만질 수 있지."

"충성을 다하겠습니다, 실장님."

박 비서는 90도로 허리를 굽혔다.

"근데 회장님은 아직 연락 없으시지?"

"네. 그때 지시 사항을 하달하신 이후로 아직 별다른 말씀이나 특이사항은 없었습니다."

"그래, 항상 무전 대기 잘하고 있어 언제라도 바로 준비될 수 있도록!"

"네!"

"그런데 지금 회장님은 어디 계십니까? 오랫동안 자리를 비우신 것 같습니다."

"그건 니가 알 필요 없어. 넌 너의 임무만 잘하면 된다."

"아, 죄송합니다. 제가 잠깐 앞서간 것 같습니다. 명심하겠습니다."

"나 박사 일행은 계속해서 잘 감시하도록 해. 절대 한눈팔지 말고. 회장님은 작은 실수도 용납하지 않으신다는 걸 명심해!"

"네! 실장님."

박 비서는 다시 한 번 군인처럼 절도 있게 고개를 숙였다.

공부에 도움이 되는 수학·과학 톺아보기

★톺아보기란?
'샅샅이 더듬어 가면서 살피다.'
라는 순우리말입니다.

1. 찬혁이는 일요일 공원에서 3시간을 보냈다. 그 중 $\frac{1}{3}$은 친구들과 놀았고, 나머지 시간은 가족과 함께 보냈다. 가족과 함께 보낸 시간 중 $\frac{1}{4}$을 아빠와 자전거를 탔다면, 찬혁이가 아빠와 자전거를 탄 시간은 총 얼마인가?

2. $2 \div \frac{1}{3}$의 나눗셈을 보고 알맞은 문장제 문제를 만들어 보시오.

3. 다음 문제를 보고 알맞은 단어를 보기에서 고르시오.

   생산자, 소비자, 분해자, 생태계

   ❶ 어떤 장소에 사는 생물이 다른 생물 및 비생물적 환경요인과 상호작용하는 것을 _____라고 한다. 지구에는 장소에 따른 다양한 _____가 존재한다.

   ❷ 풀, 나무 등과 같이 광합성을 통해 양분을 얻는 생물을 _____라고 하고 늑대, 메뚜기처럼 스스로 양분을 만들지 못하고 다른 식물이나 동물을 먹이로 삼고 살아가는 생물을 _____라고 한다. 또 곰팡이, 세균 등과 같이 생물의 사체나 배설물을 분해하는 생물을 _____라고 한다.

4. 생태계의 먹고 먹히는 관계를 먹이사슬과 먹이그물 등으로 나타낼 수 있다. 자신이 알고 있는 먹이사슬 한 가지를 3단계 이상으로 표현해 보시오.

뫼비우스의 숲에 빠지다

 잠시 쉬려 했던 나 박사와 아이들은 뱀 때문에 다시 걷기 시작했다. 쉬지 못하고 걸은 탓에 하나둘 지쳐갔다. 온몸에 땀이 나고 발에도 물집이 잡힌 것처럼 따끔거렸다. 처음 받았을 때는 가벼웠던 배낭도 이제는 꽤 무겁게 느껴졌다. 호흡도 점점 가빠졌다.
 "아, 힘들어."
 동진이가 헉헉거리며 말하자, 모두 동진이를 쳐다봤다.
 "동진아, 힘들지? 아침에는 햇살이 나무 사이로 가려져서 몰랐는데, 여긴 나무 그늘도 없고 햇볕이 곧장 머리 위로 내리쬐니 굉장히 덥구나."

나 박사가 걱정하며 말했다.

지금 지나가고 있는 곳엔 숲을 개발하느라 잘라 버린 나무들과 그루터기가 곳곳에 널려 있었다. 사람들의 무모한 개발로 허허벌판이 된 지역이었다.

"큰 나무들을 아무런 생각 없이 잘라내고 파내버려 숲이 이 모양 이 꼴이 되었구나."

"그러게요, 박사님. 이렇게 큰 나무가 다시 자라려면 엄청난 시간이 걸릴 텐데요. 뿌리, 줄기, 잎이 모두 제각각 할 일이 있을 텐데 모조리 밑동만 남겨 놓고 잘라 버리다니, 나무에 너무 심한 것 같아요. 왜 사람들이 이런 밀림까지 들어와서 숲을 파헤칠까요?"

"돈이 되는 눈앞의 이익만 보기 때문이지. 우리가 잘 아는 아마존 숲도 무분별한 개발로 인해 점점 숲이 줄어들고, 생태계가 파괴되고 있지. 심지어 불을 질러 완전히 태워 버리기도 한다는구나."

"아마존 숲이라면 남아메리카에 있는 넓은 밀림 말인가요?"

재민이가 목소리를 높여 물었다.

"그렇지. 지구의 가장 넓은 숲, 지구의 산소 40%를 생산하고 있어 지구의 허파라고도 한단다. 전 세계의 온갖 대기 오염 물질들을 정화해 주는 역할을 하는 곳이지. 그런데 주변 나라들이 무차별적으로 개발해 버리는 바람에 요즘 아마존이 몸살을 앓고 있다고 하는구나. 1년이면 전라남도 크기의 숲이 없어진다고 하니 거기에 사는 여러 귀한 동식물들이 소중한 터전을 잃게 되는 거지."

"아, 너무 안타까워요. 저도 예전에 기사 때문에 취재한 적이 있었는데……."

재민이는 학교 어린이 환경 기자로 활동하며 환경 보호 신문을 만들곤 했다. 한 번은 학교 주변 공장 폐수와 생활 폐수 등의 문제를 조사하러 갔다가 낭패를 당한 적도 있었다. 공장에 찾아갔을 때 왠지 무섭게 생긴 아저씨들이 들어오지 말라고 문밖에서 막아서고, 가지고 있던 사진기를 빼앗으려 했다. 차마 입에 담지 못할 욕들도 아저씨들은 쉽게 말했다. 재민이는 그때 생각이 나서 갑자기 씁쓸해졌다.

잘리고 버려진 나무에는 나이테가 선명히 남아 있었다. 땅 위에는 흙 속을 파고들다 다시 나온 긴 뿌리들이 여러 곳으로 뻗어 있었고, 뿌리는 그대로 있지만 커다란 줄기가 잘린 채 불쌍하게 남아있는 나무들이 아이들의 마음을 아프게 했다.

"이 줄기에 달려 있던 엄청난 잎들도 모두 사라졌겠구나."

찬혁이가 밑동을 만졌다. 밑동의 크기에 비례하여 큰 줄기가 있었을 테고 그곳에 수많은 잎도 매달려 있었을 것이었다. 찬혁이는 멍하니 나무를 보며 생각에 잠겼다. 식물이 하찮게 보이지만 실제로는 엄청 복잡한 구조를 가진 위대함 자체라는 선생님의 말씀이 생각났다. 과학 시간에 배웠던 식물의 다양한 구조가 떠오르며 그런 식물들이 모인 소중한 숲을 훼손하는 사람들 생각에 기분이 좋지 않았다.

"아까 박사님 말씀처럼 이쪽이 남쪽인가 봐요."

찬혁이가 잘린 나무 그루터기의 나이테를 가리켰다. 나 박사의 말대로 남쪽은 나이테가 넓고 간격이 헐거운 데 반해, 북쪽은 좀 더 빽빽하고 촘촘했다.

"맞아, 찬혁아. 우리 찬혁이가 잊지 않고 잘 알고 있구나. 그나저나 찬혁아 지금 몇 시쯤 됐니?"

"낮 2시 30분요."

"이런 설상가상으로 하루 중 가장 더운 시간이구나."

듣고 있던 세라가 투덜댔다.

"정말 너무 덥다. 근데 왜 2시 30분이 하루에서 가장 더운 거야? 햇볕은 12시쯤이 가장 뜨겁던데."

찬혁이의 물음에 세라가 대답했다.

"태양이 동쪽에서 떠서 서쪽으로 지잖아."

"그렇지 내가 그것도 모를까 봐."

"태양이 동쪽에서 서쪽으로 가는 중 남쪽 정중앙을 지날 때 태양의 고도가 제일 높아. 이때를 남중고도라고 하는데 햇볕이 머리 위에서 내리쬐고 그림자는 제일 짧은 시간이지. 우리나라에선 낮 12시 30분 정도인데, 햇볕에 땅이 데워지는데 걸리는 시간이 필요하기 때문에 약 2시간 후인 2시 30분경이 가장 덥게 되는 거야."

"생각해 보니 6교시를 마치고 집에 갈 때가 가장 더웠던 것 같아. 아마 그때가 오후 2시 반쯤이었지."

동진이가 고개를 끄덕였다.

"응, 가스 불에 물을 올려 끓이는데 시간이 걸리는 것처럼 태양 빛에 지구가 데워지는 데도 시간이 걸리는 이치지."

세라는 비유적으로 일상생활에 적용하여 알려 주었다.

"하루 온도가 그렇게 시간 차이가 나는 것처럼 1년의 온도도 같은 원리로 살펴볼 수 있어. 6월에 낮도 가장 길고 태양의 고도도 가장 높지만, 1년 중에 가장 더운 달은 8월이란다. 땅이 데워지는 데 2달 정도 걸리게 돼서 그렇지. 그래서 8월에 사람들이 여름휴가를 가는 거고."

나 박사가 덧붙여서 알기 쉽게 설명해 주었다.

"근데 얘들아, 조금 이상하지 않아?"

재민이가 친구들을 돌아보며 말했다.

"왜, 내 말이 이상해?"

세라가 되물었다.

"아니, 그게 아니라 다른 팀들도 똑같은 지도를 받았을 거 아니야?"

"그렇지."

"그런데 왜 다른 팀을 만나지 못했을까? 수십 개 팀이 같은 목적지로 가고 있는데 말이야. 그중 몇 팀은 숲속에서 만나는 게 정상 아니야? 그런데 지금까지 단 한 명도 보지 못했잖아. 뭔가 이상하지 않아?"

예리하고 나름 논리적인 말이었다. 똑같은 시간에, 똑같은 지도를 가지고, 똑같은 장소에서 출발했다면 가는 길에 여러 사람을 만나야 한다는 게 재민이의 생각이었다.

"네 말이 일리가 있는 것 같아. 생각해 보니 그러네."

세라도 고개를 끄덕였다.

"그렇다면 우리가 완전 길을 잘못 든 거 아니야?"

재민이가 걱정스러운 표정으로 말했다.

"응?"

"우리가 길을 잘못 들어서 사람들을 못 만난다는 거지."

"아니, 그럴 리가 없어. 우리가 가는 방향은 정확하다고!"

동진이가 지도와 나침반을 보며 말했다.

"길이 정해져 있지 않고, 숲속에서 길을 찾아가야 하는 거라 사람들을 못 만나도 크게 이상하지는 않을 것 같구나. 워낙 숲이 넓으니까 다른 방향으로 가는 사람도 있을 테고 말이지."

나 박사가 침착하게 말했다.

"박사님은 괜찮다는 말씀이신 거죠?"

"뭐, 내가 볼 때 아직은······. 일단 우리 나름대로 지금까지는 맞게 가는 것 같아. 아니면 우리가 일찍 서둘러 출발해서 지금 선두를 유지하고 있을 수도 있지. 우리 뒤로 사람들이 따라 오는 경우처럼."

"아! 그럴 수도 있겠어요. 우리가 선두로 가고 있어서 다른 사람들을 못 본 거면 좋겠어요."

재민이는 그제야 안심이 되었다.

"우리 서둘러서 빨리 가요, 삼촌. 다른 사람들이 따라오지 못하게요."

재민이가 길을 재촉했다.

사람들이 파헤쳐 놓은 버려진 숲을 지나 나 박사 일행은 다시 밀림으로 들어갔다. 빗방울 한두 방울이 내리기 시작하더니 금세 세찬 빗줄기가 하늘에서 쏟아졌다.

"이런 어떡하지. 스콜인 것 같은데……."

기습적인 열대성 폭우에 나 박사와 아이들은 비를 피하지 못하고 몸이 쫄딱 젖었다. 특히 세라는 갑작스러운 폭우에 체온이 떨어져 생쥐처럼 오돌오돌 떨었다.

"잠시 저기 가서 비를 피하자꾸나."

나 박사는 옆에 보이는 큰 나무 밑으로 가서 빠른 손놀림으로 우의를 이용해 임시 지붕을 만들었다. 그리고 끈을 잘라 우의가 안 날아가게 양 끝을 묶었다. 어느새 다섯 명이 비를 피하기에 괜찮은 공간이 만들어졌다.

숲속 폭우는 생각보다 강했다. 한국에서 내리는 보슬비나 낭만적인 가을비와는 사뭇 느낌이 달랐다. 빗방울도 굵고 나뭇잎에 후두두둑 떨어지는 소리가 땅을 삼킬 것 같았다.

"책으로만 보던 열대성 폭우야. 햇살이 쨍쨍 내리쬐다가 갑자기 비가 쫘악 쏟아진다고 하더니, 정말 그러네."

재민이가 신기한 듯 말했다.

설상가상으로 쏟아지는 폭우 속에 번쩍번쩍 번개가 내리쳤다. 뒤를 이어 우르릉 쾅쾅 천둥소리까지 따라왔다.

"아이고, 깜짝이야."

세라가 옆에 있던 찬혁이의 손을 꼭 잡았다.

"이 정도가 뭐가 무섭다고 그래?"

찬혁이도 속으론 무서웠지만, 세라 앞에서 내색할 수 없었다. 또, 깜짝 놀라서 자신의 손을 잡은 세라의 손길이 싫지만은 않았다. 찬혁이 마음속에 이상야릇한 마음이 싹트는 것 같았다.

"세라야! 근데 너 왜 찬혁이 손을 잡고 그래?"

재민이가 킥킥거리며 물었다.

"어머……, 내가 뭘?"

세라는 화들짝 놀라며 얼른 손을 놓았다. 세라 얼굴이 사과처럼 빨개졌다.

"얼레리 꼴레리~ 얼레리 꼴레리~ 세라는~ 얼굴이~ 빨개졌데요. 빨개졌데요."

재민이와 동진이는 노래 가사에 맞춰 세라를 놀려댔다.

"야! 너희들 그만해."

세라가 눈을 흘겼다.

그 순간 또 한 번 하늘이 번쩍거렸다. 이번에는 거의 그와 동시에 우르릉 쾅쾅하며 머리 위에서 천둥소리가 났다.

"아이쿠야!"

세라뿐 아니라 나 박사와 아이들도 모두 하나같이 놀랬다. 재민이와 동진이는 깜짝 놀라 순간적으로 서로를 부둥켜안았다.

"바보들, 지들도 놀랠 거면서. 너희들도 서로 좋아서 그렇게 안고 있니? 별꼴이야."

세라가 재민이와 동진이를 보며 메롱 하고 혀를 쑥 내밀었다.

"번개가 우리 가까운 곳에서 내리치나 보구나. 아까는 조금 멀리 떨어져 있었는데……."

아이들 앞에서 깜짝 놀라는 모습을 보여준 나 박사가 조금 머쓱한지 겸연쩍은 얼굴로 이야기했다.

"번개가 가까운 곳에서 치는지, 먼 곳에서 치는지 어떻게 알 수 있어요?"

폭우가 쏟아져도 재민이의 호기심은 활활 타올랐다.

"그건 소리와 빛이 이동하는 속도의 차이로 알 수가 있지."

"속도의 차이요?"

"소리와 빛은 모두 움직일 수 있단다. 하지만 속도의 차이가 있어. 소리와 빛 중 어떤 게 더 빠르겠니?"

"저는 소리가 빠를 것 같아요."

찬혁이가 얼른 대답했다.

"산에서 야호 하면 금방 야호 하고 메아리가 돌아오잖아요."

"저는 빛이 빠를 것 같아요."

이번에는 재민이가 대답했다.

"둘 다 좋은 생각이야. 정답은 바로······."

나 박사는 시끄러운 빗소리에 목소리를 높여 말했다.

"빛은 1초에 300,000,000m 가고, 소리는 1초에 340m 정도 간단다. 빛이 소리보다 훨씬 빠르지."

"우와, 그렇게 차이가 크게 나요? 이거 대충 계산해도 거의 십만 배 정도 차이가 나는 거네요."

찬혁이가 깜짝 놀라 물었다.

"그렇지. 빛은 1초 그러니까 잠깐 눈을 깜빡하는 사이에 지구를 7바퀴 반 돌 수 있는 속도를 자랑하지. 반면에 소리는 1초에 이 산에서 야호 하면 저 산에서 들리는 정도의 속도로 움직여. 번개가 내리치는 모습은 거의 순식간에 보이지. 그게 가까이에 있던 멀리 있던 말이야. 하지만 천둥소리는 번개의 위치에 따라 바로 들리기도 하고 한참 후에 천천히 들리기도 해. 혹시 너희들 중 오늘처럼 번개 치는 걸 본 적 있니?"

"네. 시골 할머니 댁에서 번개 치는 걸 본 적이 있어요."

재민이가 대답했다.

"만약에 번개가 번쩍하고 1초 정도 후에 천둥소리가 들렸다면, 소리가 내 귀에 전달되기까지 1초가 걸렸으니까 내 위치에서 약 340m 정도 떨어진 곳에서 번개가 내리친 거고, 약 5초 후에 들렸다면 340m×5 해서 1,700m 정도 떨어진 곳에 있다는 거야. 아까 처음 친 번개는 약 4초 정도 후였으니까 340m×4 해서 1,360m 정도의 거리에 있었던 거고, 두 번째 친 번개는 번갯불과 천둥소리가 거의 동시에 보이고 들렸으니까 우리와

300m 안쪽의 가까운 곳에서 내리쳤다는 걸 알 수 있어."

나 박사는 번갯불이 보이면 습관적으로 하나, 둘, 셋, 넷 하고 속으로 초를 세었다. 그리고는 번개가 내리친 곳과 자신의 위치까지의 거리가 어느 정도인지 기계적으로 계산했다. 그것은 나 박사가 특수부대에 있으면서 갖게 된 훈련의 결과였다.

"이제 잘 알겠어요, 박사님. 소리와 빛의 속도에 대해서 처음 알았는데 재밌어요."

찬혁이가 고개를 끄덕거렸다.

"그런데요, 박사님. 우리가 자동차를 타면 시속 100km 보통 이렇게 말하는데, 시속은 1시간 동안에 100km를 움직였다는 말이에요? 소리는 1초에 340m를 간다고 했는데……."

동진이가 물었다.

"그렇지. 기준이 다른 거야. 1시간에 움직인 거리를 시속, 1초에 움직인 거리를 초속이라고 말한단다. 이것을 속도라고 말하는데, 속도는 어떤 거리를 움직이는데 얼마만큼의 시간이 걸렸느냐를 알아보기 위한 것으로 '거리÷시간'으로 구할 수 있어. 만약 3시간에 450km 간다면 450km÷3시간 해서 150km÷1h가 되고, 속도가 150km/h가 되는 거란다."

"여기서 h는 아워(hour), 즉, 한 시간을 의미하고, 1초는 세컨드(second), s로 쓰죠?"

영어에 자신 있는 세라가 말하였다.

"응. 소리가 가는 속도가 1초에 340m로 초속 340m인데, 이것을 시간으로 바꾸면 1시간이 3,600초니까 340m×3,600 해서 시속 1,224,000m. 즉, 1,224km가 되는 거지. 그 말은 소리의 속도는 초속 340m/s, 시속 1,224km/h라는 말이야."

"그렇다면 1초에 50m 가는 거랑 1시간에 100km 가는 것 중 어떤 게 더 빠른지 비교하려면 똑같은 단위로 바꾸면 되겠네요. 둘 다 초속이나 시속으로……."

"그렇지, 예를 들어 볼까. 태풍 볼라벤의 최대 바람 속도가 50m/s, 엄청 빨리 달리는 자동차 속도가 144km/h라면 어떤 게 빠를까? 단위가 같다면 바로 알 수 있겠지만, 단위가 다를 땐 단위를 같게 해 줘야 하지."

"그래서 50m/s가 144km/h보다 빠르다는 걸 알 수 있어."

1. 초속을 시속으로 바꿀 때
50m/s=50m/1초=50m×3600/1시간
=180,000m/1시간=180km/1시간=180km/h

2. 시속을 초속으로 바꿀 때
144km/h=144km/1시간=144,000m/1시간
=144,000m÷3600/1초=40m/1초=40m/s

아이들은 궁금했던 것을 나 박사에게 물어보며 잠시 비를 피했다. 20여 분 정도가 지나자, 무섭게 쏟아지던 비는 언제 그랬냐는 듯 갑자기 뚝 그쳤다. 뭔가를 집어삼킬 것 같던 짧은 스콜이 순식간에 지나가 버린 것이다.

교과서에서 찾아볼까!

속력처럼 비율이 사용되는 경우

속력은 단위시간(1시간, 1분, 1초)에 간 평균 거리를 말한다. 즉, 속력 = $\dfrac{\text{거리(비교하는 양)}}{\text{시간(기준량)}}$ 로 나타낼 수 있다.

[예제]

열차가 5시간 동안 440km를 갔다. 이 열차의 속력은 얼마인가?

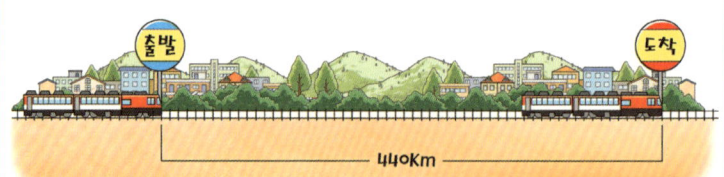

$$\dfrac{440\text{km}}{5\text{시간}} = 88\text{km/h}$$

★ 교과서에 나오는 또 다른 비율 문제들

① **인구밀도** 1km^2에 사는 평균 인구. 인구 밀도 = 인구 ÷ 넓이(km^2)

② **용액의 진하기** 용액의 양에 대한 용질의 양의 비율.
　　　　　　용액의 진하기 = 용질의 양 ÷ 용액의 양

③ **할인율** 정가에서 할인해 주는 금액.
　　　　할인율 = 할인 금액 ÷ 원래 금액

 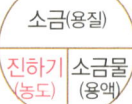 

'뚜루루루 뚜루루루.'

재민이 엄마의 휴대폰 전화벨이 울렸다.

"여보세요?"

"혹시 차재민군이 숲속 보물찾기 대회에 참가한 것 맞습니까?"

"네. 제 아들인데요. 그런데 누구시죠?"

"아! 죄송합니다. 저는 서울경찰서 국제 범죄팀의 김치밀 경감입니다. 갑작스러운 전화에 놀라셨지요?"

"아니에요. 그런데 무슨 일이신가요?"

재민이 엄마의 심장이 갑자기 쿵쾅거리며 울렸다.

"재민군이 참가한 대회와 관련해서 물어볼 것이 있어 연락드렸습니다. 아드님께서 지원서를 작성하여 참가 신청한 것 맞지요?"

"네, 맞아요. 그런데 무슨 문제라도 생겼나요?"

재민이 엄마의 목소리가 가늘게 떨렸다.

"사실은…… 그 회사가 실제로는 없는 회사입니다."

"뭐라고요? 그럴 리가 없어요. 신문 광고와 홈페이지, 전화번호까지 확인했었어요."

재민이 엄마의 목소리가 심하게 흔들렸다.

"어머님, 믿기 어려우시겠지만, 지금 그 홈페이지는 깨끗하게 삭제되었습니다. 물론 그곳으로 전화해도 없는 번호라고 뜰 거고요. 또, 대한신문에선 그런 숲속 보물찾기 대회 광고는 나간 적도 없다고 하였습니다."

"그럴 리가요? 형사님, 저도 그 광고를 직접 보았는걸요."

"교묘하게 조작된 가짜 신문 광고였습니다. 원래 신문에 그 면만 바꿔치기해서 끼워 놓았을 수도 있고요. 아무래도 재민이나 누군가를 노리고 신문과 인터넷에 가짜 홍보를 하지 않았나 싶습니다."

"말도 안 돼요. 어떡하죠?"

재민이 엄마는 울음을 터뜨렸다.

"같이 대회에 참가한 사람들은 누구입니까?"

"친구 3명과 재민이 삼촌인 나영준 박사가 같이 갔어요."

재민이 엄마는 울먹이며 말했다.

"아, 그렇군요. 어른 참가자는 나영준 박사시고, 나머지는 모두 초등학생인 재민군 친구들이라는 거죠?"

"네……."

"지금 호주 인터폴과 공조수사를 하고 있는데, 호주에서도 지금 그들의 위치를 파악하여 찾는 중이라고 합니다. 그리고 저희도 오늘 밤 출발하여 그곳에서 함께 수사할 예정이니, 너무 걱정하지 마십시오."

"우리 재민이는 지금 연락이 되나요? 재민이는 어떻게 되는 거죠?"

"현재 재민군은 연락이 되지 않습니다. 저희가 그곳으로 가봐야 확실한 상황을 알 수 있을 것 같습니다. 재민군 어머님께서도 걱정이 많이 되시겠지만, 재민군에게 아무 문제 없도록 꼭 구해 내겠습니다."

"……."
재민 엄마의 흐느끼는 소리가 들렸다.
"실례지만 나 박사님께서는 무슨 일을 하시는 분인가요?"
"네, 수학연구소 연구원이에요."
"알겠습니다. 다시 확인하고 전화 드리겠습니다."
뚜뚜뚜, 전화가 끊겼다.
"이번 피싱의 주요 타깃은 나 박사 같아. 아무래도 나 박사를 이용하려고 했던 것 같은데……. 나 박사에 대해서 먼저 조사해야겠어."
김치밀 경감은 전화를 끊으며 무대뽀 경위에게 지시했다.

"이야, 이제 비가 멈췄구나."
"순식간에 주변을 삼킬 것처럼 비가 오더니 금세 해가 쨍하고 떴어. 날씨가 정말 오락가락하네."
"덕분에 더위는 가셨잖아."
비로 인해 한낮의 찌는 듯한 무더위는 사라졌지만, 폭우로 인해 숲속 곳곳이 물에 차서 철벅거렸다. 그나마 남아 있던 길의 흔적도 모두 사라져 버렸다. 어디로 가야 할지 망설이는 나 박사와 아이들 앞을 가시덤불과 엉겅퀴가 가로막았다.
"이곳은 가시덤불이 많아서 도저히 갈 수가 없어."
"이쪽 말고 갈만한 다른 길이 있나 찾아보자."
길옆으로 나온 찬혁이는 방향을 찾기 위해 나침반을 살펴보았다. 그런데 이상한 일이 일어났다. 나침반 바늘이 순간적으

로 휙 돌아가더니 계속 팽그르르 돌기 시작했다.

"박사님, 큰일 났어요. 나침반이 고장 난 것 같아요. 나침반 바늘이 제멋대로 움직여요."

"뭐?"

"빨리 너희들 것도 봐봐."

재민이와 세라, 동진이, 나 박사 모두 자신의 나침반을 살펴보았다. 조금 전 찬혁이가 말한 현상이 똑같이 나타났다. 나침반 바늘이 빙글빙글 돌다가 제멋대로 한쪽을 향했다. 이마저도 북쪽을 향하고 있는 곳이 모두 제각각 달랐다. 누군가가 자석으로 나침반을 조종하는 것 같았다.

"완전 미칠 일이군. 나침반이 갑자기 왜 이러는 거야?"

"난 좀 무서워졌어. 혹시 이 섬에 유령이 있는 거 아냐?"

동진이가 겁먹은 표정으로 말했다.

"박사님, 태양의 위치와 나침반이 맞지 않아요. 지금 분명히 태양이 남쪽을 지나 서쪽으로 지고 있어야 하는데, 나침반으로 보자면 태양이 지금 북쪽에 떠 있어요."

"진정하고 차분히 앉아서 생각해 보자꾸나."

나 박사는 동요하고 있는 아이들을 진정시켰다. 그리고는 잠시 골똘히 생각에 잠긴 후 주변을 한참 둘러보다가 급히 일어났다. 여기저기 두리번거리며 왔다 갔다 하다 갑자기 손목시계를 풀었다.

"그걸로 뭐하시게요?"

궁금해하는 아이들의 말에 대답하지 않고 몇 걸음 떨어진 바위에 시계를 갖다 댔다. 시계가 바위에 철썩 달라붙었다. 곳곳에 보이는 바위들 모두 마찬가지였다.

"이게 무슨 일이에요? 어떻게 바위에 시계가 붙어요?"

"이 바위는 자철석이라는 천연 자석 바위란다. 돌 자체가 자성을 띠고 있는 거지. 여기에 보이는 돌이나 바위들이 모두 이런 자철석 덩어리구나. 곳곳에 자석이 널려 있으니 나침반 바늘이 제멋대로 움직였던 거야."

"그런 것도 있었어요?"

아이들이 깜짝 놀라 소리쳤다.

"물론이야. 사람이 만든 인공 자석 말고도 자연에서 볼 수 있는 천연 자석이 당연히 있지. 그런데 문제는 비가 그치고 이동하며 우리가 보고 왔던 나침반 방향 자체가 남쪽이 아닐 수도 있다는 거야. 그때부터 나침반 방향이 잘못됐다면 꽤 오랜 시간 방향을 잘못 잡았을 수도 있겠구나. 지금 확인할 길이 없으니 이거 문제가 어렵게 됐어. 현재 위치를 알 수도 없고."

"네? 그럼 어떡해요?"

"일단 별다른 방법이 없겠어. 힘들겠지만 무조건 왔던 길 반대 방향으로 빠져나가 봐야 할 것 같구나."

 교과서에서 찾아볼까!

나침반 바늘이 움직인 이유는?

❶ 자철석이 있는 숲속에서 나침반 바늘이 움직인 것처럼 자석 주위에서도 나침반 바늘이 움직인다.

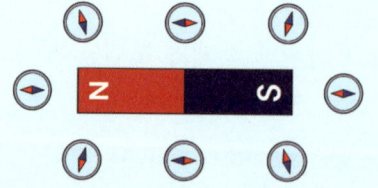

나침반 바늘도 자석으로 되어 있어 자석과 같은 극끼리 서로 밀고, 다른 극끼리는 서로 잡아당기게 된다.

❷ 전류가 흐르는 전선 주변에서도 나침반은 움직일까? 그렇다.

이를 통해 전류가 흐르는 전선 주위에서도 자석의 성질이 나타나는 것을 알 수 있다.

나 박사 일행은 방향 감각이 좋은 동진이를 앞세워 서둘러서 되돌아 나왔다. 하지만 가도 가도 끝이 없었다. 왠지 숲속을 빙빙 도는 느낌이었다.

'이상하다 분명히 이 방향으로 왔었는데…….'

길찾기라면 누구보다 자신 있었던 동진이도 점점 자신이 없어졌다.

나 박사는 뒤따라가며 여러 가지 생각에 잠겼다. 그리고 잊고 있었던 한 가지 기억이 문뜩 떠올랐다. 자석 바위가 곳곳에 널려 있는 남태평양 섬의 마그넷 플레이스. 한 번 들어가면 나가는 길을 도저히 찾을 수 없다는 숲. 아직 아무도 들어가는 길과 나가는 길을 정확하게 찾은 적이 없다는 뫼비우스의 숲이었다. 그리고 또 하나 떠오르는 이름은 나 박사의 대학교 선배 김정민 교수였다.

김정민 교수는 나 박사의 대학 선배였다. 대학에서 함께 공부하며 서로 의지하고 힘이 되었던 사이였다. 그리고 그와 함께 추진했던 프로젝트가 있었다.

박사가 된 후 한참이 지난 어느 날, 연락이 뜸했던 김정민 선배로부터 전화가 왔다.

"나 박사, 잘 지내고 있나?"

"네, 물론 잘 지내죠? 선배님도 잘 지내시죠?"

"그럼, 잘 지내지."

소소한 안부를 묻고 나서 선배가 말했다.

"이번에 아주 재미있는 프로젝트를 추진하고 있는데, 함께 참여해 보지 않을 텐가?"

"무슨 일인데요?"

"나 박사 자네가 제일 잘할 수 있는 일이야. 자네의 샤프한 머리가 절대적으로 필요해. 물론 엄청 재미있을 거고. 자세한 것은 내가 만나서 이야기해 줄게."

"아, 그래요? 선배님 말씀인데 당연히 제가 해야죠."

나 박사는 깊이 생각하지 않고 대답했다.

"고마워, 나 박사. 내가 이번에 잘되면 절대 이 은혜 잊지 않을게."

그렇게 김 교수의 권유로 나 박사도 프로젝트에 참여하게 되었다.

나 박사가 가던 길을 멈추고 나지막이 말했다.

"설마 우리가 뫼비우스의 숲에 빠진 건가?"

"뫼비우스의 숲이요?"

모두 함께 나 박사를 쳐다봤다.

"아까 비가 오고 나서 길의 구분이 모호해지고 마그넷 플레이스에서 길을 잃은 후 우리가 뫼비우스의 숲으로 한참 들어온 것 같구나."

'남태평양 섬에 있는 뫼비우스의 숲. 그 근처는 자석 덩어리가 널려 있는 마그넷 플레이스라고 하였지. 지금 우리가 있는 바로 이곳의 좌표와 거의 일치해.'

나 박사는 한참 잊고 있던 기억들이 떠올랐다.

"박사님, 뫼비우스의 숲이 뭐죠?"

재민이가 물었다.

"그러니까 이곳은 말하자면 나가는 곳과 들어오는 곳이 똑같은 곳이지. 앞을 향해 가도 다시 되돌아서 오게 되는 곳, 길이 계속 반복되는 무한한 길의 연속인 지역이라고 할 수 있어. 근처가 온통 자석 지역이라 나침반으로 방향을 찾지 못해 길을 헤매다가 결국 목숨까지 잃게 된다는 숲."

잠시 모두 할 말을 잃고 적막한 침묵이 흘렀다.

"무슨 말씀인지 통 모르겠어요."

"그럼 우리가 여기서 못 나가고 죽을 거라는 말이에요?"

"야, 이찬혁! 재수 없는 소리 하지 마!"

세라가 눈을 흘기며 앙칼지게 소리쳤다.

"지금 그렇잖아. 나침반은 멋대로 움직이고, 숲속에서 나가

는 길도 모르고, 구조 신호도 보낼 수 없어. 게다가 우리가 여기에 있다는 걸 아는 사람도 아무도 없다고."

"일단 앉아서 생각해 보자. 길을 따라 무작정 가는 것은 바보짓 같구나. 모두 여기 앉아 보아라."

모두 털썩 땅바닥에 제멋대로 앉았다.

"이거 참 목이 타네."

찬혁이가 가지고 있던 물을 벌컥벌컥 들이켰다.

"나도 한 모금만……."

찬혁이가 동진이에게 물을 건넸다.

"만약 우리가 진짜 뫼비우스의 숲에 빠진 거라면 왔던 길로 돌아가는 것은 절대 해서는 안 돼. 계속 그 길이 반복되어 가도 가도 끝이 없을 거야."

"그럼 우린 이제 어떡하죠, 박사님?"

"일단 여기서 잠깐 쉬다가 큰길 말고, 주변의 작은 길을 찾아보자. 서로 흩어져서 아주 작은 길, 그러니까 샛길이나 한 사람만 움직일 수 있는 그런 길을 찾는 거야. 인적이 드문 곳이라 수풀이나 나무에 가려져서 길이 잘 안 보일 수도 있어. 그러니 잘 확인해야 돼."

"네, 박사님. 무슨 말씀인지 알겠어요."

세라가 말했다.

"내가 조를 지어 주마. 혼자 가는 건 위험할 것 같고 둘씩 짝지어서 가는 거야. 일단 동진이가 길눈이 밝으니까 세라와 같이 가고, 찬혁이가 재민이랑 같이 가거라. 난 여기 있으면서 길을 찾는 방법을 좀 더 고민해 보마."

"네. 길을 찾다 저희가 길을 잃을 수 있으니까, 박사님께서는 이곳에 계시면서 무전을 통해 안내해 주세요."

몸과 마음은 지치고 힘들었지만, 서로를 격려하며 휴식 후 길을 찾아보기로 했다.

"얘들아! 무슨 일이 있으면 바로 무전 날려. 3km 안에서는 무전이 되니까 괜찮을 거야."

재민이가 친구들에게 단단히 일렀다.

길이 없는 곳에서 길을 찾아 나서는 것은 불안하고 아주 힘든 일이었다. 더욱이 수풀과 엉겅퀴, 긴 덩굴이 헝클어져 있는 빽빽한 열대림의 숲속을 헤쳐 나가기는 정말 쉽지 않았다. 10분 정도 지났을 때 동진이에게서 무전이 왔다.

"여기는 동진! 처음 지점에서 남쪽 600m 방향으로 모두 빨리 내려와 보세요."

"뭔가를 찾았나 봐."

나 박사와 찬혁이, 재민이가 황급히 동진이가 찍어준 곳으로 갔다.

"박사님, 저기 보세요."

동진이가 가리키는 곳엔 여러 색깔 구슬이 바나나 나무 밑에 놓여 있었다. 장난감 구슬보다 3, 4배 큰 구슬로 색깔은 조금 바랬지만, 알록달록한 구 모양의 예쁜 색깔 구슬이었다.

"앗! 이게 뭐야. 이런 밀림 숲속에 웬 구슬이지?"

재민이가 주위를 둘러보며 말했다.

"그러게. 이게 하늘에서 떨어지거나 땅에서 솟은 것은 아닐 테고. 이걸 누가 가져온 걸까? 동물들이 이런 구슬을 만들었을 리도 없고…….."

찬혁이도 말을 이었다. 사람의 발길이 닿지 않는 밀림에서 구슬이라니. 그것도 색깔 구슬이 여러 개 있다는 것은 굉장히 신기한 일이었다.

"얘들아! 잠시만 가만가만……."

뒤따라온 나 박사가 손을 좌우로 흔들며 소리를 질렀다.

"구슬을 원래 자리에 두어라. 만약 이곳이 뫼비우스의 숲이라면 이 구슬들은 카피몽이 가지고 노는 구슬일 거야."

"카피몽이라니요?"

"오늘 박사님은 종일 어려운 말만 하시네요."

"이제 확실히 알겠어. 이제야 명확해지는군."

나 박사는 드디어 머릿속에 혼란스러웠던 퍼즐 조각이 맞춰지는 기분이었다. 아까부터 나 박사의 머릿속에 자리 잡고 있던 김정민 선배와 함께했던 비밀 프로젝트. 수학 마법을 연구하던 매직매스학파의 숨겨진 마을과 유물들을 찾고자 했던 '잃어버린 비밀을 찾아서'란 대형 프로젝트였다. 나 박사는 선배의 권유로 뒤늦게 팀원으로 합류하였고, 부단한 연구와 문헌 조사를 통해 매직매스학파가 남태평양 섬에 마을을 이루고 살았다는 것을 밝혀냈다. 물론 그때 뫼비우스의 숲, 카피몽이라는 존재도 알게 되었다.

1년여 준비를 모두 마치고 보물을 찾기 위해 출발하기 며칠

전, 프로젝트를 총괄하던 주임 교수. 즉, 김정민 교수가 갑작스럽게 행방불명이 되었다. 이 일로 프로젝트는 무기한 연기되었고, 시간이 지나며 팀도 사실상 해체되고 프로젝트도 공중분해 되고 말았다. 나 박사는 그 후 하던 일로 복귀했고, 다시 평범한 일상으로 돌아가게 되었다. 10년 전 일이라 까맣게 잊고 지내던 일이 지금 갑작스럽게 자신의 앞에 모습을 드러낸 것이다. 전혀 생각지도 못했던 일들이……

"실장님, 뫼비우스의 숲에 빠진 후 드디어 멈춰 섰습니다."
"그래?"
"네. 1시간 정도 주변을 빙글빙글 돌더니, 이제야 생각하기 시작했어요."
"1시간이나 허비했어? 나 박사 보기보다 실력이 형편없군. 실망이야."

중년 신사는 혀를 끌끌 찼다.

"저희도 숲에 빠졌다가 위성과 전파 장치를 이용해서 겨우 빠져나왔던 곳입니다. 뫼비우스의 숲에 빠진 후 마그넷 플레이스도 바로 알아내고, 제가 봐선 실력이 괜찮은 것 같은데요?"
"그렇긴 하지. 지도와 나침반만 가지고 방향을 알아내기가 쉽지 않을 텐데……"

그때 저만치 한 인물이 모습을 드러냈다. 깊은 중절모를 쓰고 지팡이를 짚은 노인이었다. 다리가 온전치 않은 듯 걸음을 절뚝거리고 있었지만, 중절모 아래로는 매서운 눈이 빛났다.

"앗, 회장님 오셨습니까?"

안에 있던 두 남자가 허리를 90도로 숙여서 머리가 땅에 닿을 듯 깍듯이 인사했다.

"그래, 모두 고생이 많다. 정 실장, 어떻게 일은 잘되어 가고 있나?"

작은 체구지만 카랑카랑한 목소리가 실내에 울렸다.

"지금 나 박사가 아이들을 데리고 유물을 찾기 위해 탐험 중입니다. 오늘이 1일차인데, 저희의 예상 경로대로 이동하여 현재 뫼비우스의 숲에 빠져 있습니다. 아직까진 뫼비우스의 숲에 빠져서 어디로 움직일지 고민하는 것 같습니다."

"그래? 그럼 나 박사가 뫼비우스의 숲에서 빠져나올 수 있겠나? 박 비서, 니 생각은 어때?"

중절모의 노인이 다시 물었다.

"아직은 잘 모르겠습니다. 상황을 좀 더 지켜봐야 할 것 같습니다. 혹시 모를 상황에 대비해 제가 나가서 좀 보고 올까요? 잘못하면 길을 완전히 잃어버릴 수도 있을 것 같습니다."

"아니야. 일단 지금은 계속 기다려 봐야지. 만약 길을 잃어버리면 그땐 내버려 둬. 그런 놈들은 구해줘 봤자 힘만 들고, 우리에게 이득도 없잖아. 그리고 만약 숲을 빠져나와 보물을 찾는다고 하더라도 보물을 찾을 때까진 어떤 의심스러운 상황도 만들면 안 돼. 더구나 너희들은 그때 사람들 앞에 얼굴이 드러났잖아."

노인이 못마땅한 목소리로 말했다

"네, 회장님!"

"박 비서! 나 박사가 덜렁대기는 해도 사고가 굉장히 치밀하고, 생각이 깊은 사람이라 조그마한 허점도 파고들 거야. 어떤 빈틈도 주어선 안 돼."

옆에서 실장이라 불리는 사람도 거들었다.

"알겠습니다, 실장님."

"그리고 나 박사 말고 다른 놈들은 어때?"

노인이 궁금해했다.

"네, 재민이란 나 박사의 조카가 있는데, 논리적인 구석이 있습니다. 이것저것 생각을 잘 해내고, 나름 또래 중 리더 역할을 하는 것 같습니다."

"음, 나 박사의 조카니까……, 피는 못 속이는 법이겠지."

"그리고 동진이란 녀석은 지리 감각이 굉장히 뛰어납니다. 자기들 말로는 인간 내비게이션이라고 하면서 방향을 찾는 데는 늘 앞장서서 행동하고 있습니다."

"그래? 그런 놈이 있었어?"

"네, 지금 산속에서 방향을 찾고 이동하는 데 큰 역할을 하고 있습니다. 물론 지금은 뫼비우스의 숲이라 조금 헤매고는 있지만요."

"그래? 그 녀석도 유심히 살펴보고 조사해 봐. 가족 관계, 좋아하는 것들, 다니는 학교, 모두 깡그리……. 지리 감각 좋은 애들은 나중에 우리에게 도움이 많이 될 수 있어."

"네, 회장님!"

"보물을 찾는 것도 중요하지만, 나중에 우리가 써먹을 싹을 찾는 것도 중요한 거다. 될성부른 나무는 떡잎부터 알아본다고 했지. 좋은 인재를 잘 발굴해야 우리도 이 일을 아주 오랫동안 잘할 수 있어. 계속 주의 깊게 살펴봐."

노인의 날카로운 목소리가 이어졌다.

"알겠습니다! 회장님."

"당분간은 이곳에 머물면서 직접 상황을 체크해야겠군."

말을 마치고 노인은 자리에서 일어섰다.

두 남자는 또다시 머리를 90도로 숙이며 예의를 표했다.

'근데 왜 이런 일이 지금 내 앞에서 벌어지는 거지?'

나 박사는 불안한 마음이 점점 가깝게 엄습해 오는 것을 느낄

수 있었다.

'무슨 음모가 있는 건 아닐까?'

두려움과 혼란스러움이 마음에 밀려왔지만, 조카와 아이들 앞이라 내색할 수 없었다. 복잡해지는 생각을 마음 한편에 숨기고, 나 박사는 아무렇지도 않은 표정으로 아이들을 보았다.

"재민아! 너 이 보물찾기 대회 광고를 어디서 봤다고 했지?"

"대한신문에 나와 있었어요. 찬혁이랑 집에서 놀다가 신문에 이 광고가 난 걸 봤어요."

"참, 그렇게 말했지. 근데 그때 전화로 알아봤다고 했니?"

"네. 전화해서 물어보고, 홈페이지에서 접수했어요. 그리고 다음 날 합격 발표가 났었는데, 왜요? 삼촌."

"아! 아니다. 그냥 갑자기 궁금해져서."

나 박사는 얼른 얼버무렸다. 잠시 숨을 고른 후 나 박사는 말을 이어갔다.

"일단 이곳은 뫼비우스의 숲일 가능성이 높아. 이곳 섬에 수학을 연구하던 이름 없는 수학 천재와 그를 따르던 여러 학자가 정착했다고 해. 그리고 매직매스학파를 만들었지."

"매직매스학파라면 마법 수학 학파란 뜻인가요?"

재민이 눈이 동그래졌다.

"그렇지. 수학은 마법과 같이 오묘하다는 뜻이려나? 아무튼, 그들은 수학을 마법과 연관 지어 연구하려고 했단다. 여러 가지 마법을 하면서도 단순한 그림을 그려 수학의 원리를 깨우치려 했지. 간단한 수학 마술은 이 구슬을 많이 사용했다고 알려져 있단다."

"이 구슬을 이용해서요?"

세라가 놀라워했다.

"구슬로 수학을 연구했다니 신기하지? 지금은 컴퓨터를 이용해서 여러 가지 수학 연구를 하지만, 옛날 학자들은 이런 구슬이나 막대기, 밧줄 등으로 훌륭한 연구를 했단다. 숫자 연구부터 기하학, 작도 등 모든 것을 망라해서 말이지."

"그럼 이 구슬들이 매직매스학파 사람들이 가지고 있던 구슬이란 말씀이네요?"

"그렇지. 이 구슬이 바로 그 구슬인 것 같아. 숲의 위치도 비슷하고……. 그때 매직매스학파는 원숭이를 많이 키우고 있었는데, 그 원숭이들도 주인이 가지고 연구하던 색깔 구슬을 가지고 놀았다고 해. 그러면서 주인이 하는 행동이나 모습을 흉내 내더라는 거지. 그래서 그 원숭이들의 별명을 카피몽이라 불렀다고 해."

"아, 카피몽은 영어로 카피는 똑같이 따라 하기, 몽은 몽키. 뜻을 해석하면 따라쟁이 원숭이라는 말이군요."

찬혁이가 말했다.

"응, 그런데 매직매스학파 사람들이 이후에 갑자기 죽음에 이르게 되고, 사람들이 키우던 카피몽들만 살아남게 되었어."

"매직매스학파 사람들이 죽었어요?"

재민이가 놀라서 물었다.

"응. 의문의 사람들에게 습격을 받았다고 알려졌어. 일설에

의하며 황금마을이라는 헛소문이 돌면서 불의의 습격을 받았다고 하더구나."

"의문의 사람들? 왜 그런 헛소문이 났을까요?"

재민이가 안타까워했다.

"글쎄다. 그건 아직 밝혀지진 않았어. 왜 이런 인적 없는 섬으로 들어와서까지 매직매스를 연구하다 죽음을 맞게 되었는지, 생각만 해도 가슴 아픈 일이지."

매직매스학파를 공격했던 배후, 베일에 싸인 존재는 아직 누구에게도 알려진 바 없었다. 나 박사도 전혀 모르는 일, 그는 알고 있는 것을 아이들에게 성의있게 대답해 주고 있었다.

"매직매스학파는 조용하게 자신의 연구에 몰두하는 사람들이었어. 하지만 도시에서 많은 사람이 나쁜 의도로 접근했고, 똑똑한 그들의 머리와 마술을 이용해서 한몫 잡아 보려고 했지. 그들은 그게 너무 싫었었던 거야. 그래서 자기를 따르는 사람들을 몰래 데리고 이곳 마그넷 플레이스 근처 숲으로 들어와서 정착해 버린 거지."

나 박사가 계속해서 말을 이어갔다.

"그런데 그 후에도 사람들이 계속해서 자기들을 찾아와 이용하려고 하자, 이곳 숲에 들어오는 곳과 나가는 곳을 똑같게 만들어 버렸어. 나가는 문과 들어오는 문이 같은 그런 집의 구조처럼. 사람들이 그를 찾으러 오면 영락없이 왔던 길을 계속 빙글빙글 돌게 됐지. 그러면서 후세 사람들이 이 숲의 별명을 뫼비우스의 숲이라고 붙여준 거야."

"뫼비우스? 뫼비우스가 뭐예요?"

재민이가 나 박사에게 묻자 다른 아이들도 함께 궁금한 표정을 지었다.

"이놈들아, 공부 좀 해라. 뫼비우스는 독일의 수학자란다. 모든 면이나 물체는 안과 밖이 있어. 안이 있고 밖이 없거나 안이 없는데 밖이 있는 걸 생각할 수 있겠니?"

"아니요. 당연히 없겠죠?"

"모든 사람이 그렇게 생각할 때 뫼비우스는 안과 밖을 구분할 수 없는 창의적인 신기한 곡면을 고안해 냈단다."

나 박사는 주머니에 있는 종이를 한 장 꺼내 뫼비우스의 띠를 간단하게 만들어 보였다.

"종이를 길게 오린 다음에 그것을 한 번 꼬아서 처음과 끝을 이어 붙이면 안과 밖의 구분이 없는 신기한 곡면. 즉, 뫼비우스

의 띠가 된단다. 자, 이것 보렴."

나 박사는 자신이 알고 있는 내용에 대해 아이들에게 들려주었다. 본인이 문헌을 연구하며 찾아낸 여러 자료를 거쳐 조사했던 내용이었다. 하지만 나 박사 자신이 직접 10여 년 전 그 마을을 찾으려고 했던 사실은 말하지 않았다.

"박사님, 아직은 잘 이해가 안 돼요. 근데 무언가 굉장히 흥미 있는 일인 건 틀림없어요."

"당연히 이해가 안 되겠지. 수학사가 그렇게 쉬운 거면 누구나 수학 박사가 되게? 이 박사님도 젊었을 때 집에 안 들어가고 도서관과 연구실에서 정말 오랫동안 공부하고 연구한 결과란다. 그게 지금 10분 만에 이해가 되겠니?"

"박사님은 정말 똑똑하신 것 같아요."

"똑똑하신 것 같은 게 아니라 똑똑한 거지, 흠흠."

나 박사는 이름과 다르게 수학사에 대한 엄청난 지식을 소유하고 있었다. 특히, 고대부터 내려오는 수학 이야기를 문헌을 통해 확인하고 재조명하는 일에서는 독보적이었다.

또한, 한국어, 영어, 불어, 그리스어 그리고 라틴어까지 총 5개 언어를 구사할 수 있었다. 때에 따라 세계 각국의 많은 사람을 인터뷰하였고, 희귀한 자료들을 찾기 위해 세계 여러 나라를 조사하기 위해 다녔었다. 궁금한 게 있으면 어디든 가리지 않고 가서 확인해야 직성이 풀리는 성격이었다. 나 박사가 수학사 분야에 세계적인 일인자라는 말은 결코 과장된 표현이 아니었다.

"그러다 지금까지 여자 친구도 한 번 못 만나고 혼자서 살고 있지만……."

나 박사가 슬픈 표정을 지었다.

"여자 친구를 못 만난 건 너무도 당.연.한. 일이었지. 한 번 연구에 빠지면 연구실에서 며칠 동안 씻지도 않고 있었거든."

재민이는 나 박사에게 들릴락 말락 하게 중얼거렸다.

"응, 왠지 가슴 아픈 이야기야. 박사님이 여태 여자 친구를 한 번도 못 만나 봤다니……. 난 차라리 공부를 포기하겠어."

세라가 재민이에게만 살짝 말했다.

"일단 우리가 카피몽을 먼저 찾아봐야겠구나. 카피몽을 찾으면 말로만 전해져 내려오는 매직매스학파 마을의 실체가 드러날 수도 있을 것 같아. 그럼 그곳에서 우리가 이 숲을 빠져나갈 수 있는 실마리를 분명 발견하게 될 거야. 매직매스학파는 아주 신비한 마법의 물건을 찾고 있었다는 이야기가 소문으로 많이 퍼져 있었는데, 숲속 보물찾기 대회의 보물도 아마 거기서 찾게 될 것 같구나."

나 박사의 어설픈 눈매 뒤에 숨겨진 비상한 기억력과 추리력에 아이들은 모두 놀라지 않을 수 없었다.

공부에 도움이 되는 수학·과학 톺아보기

★톺아보기란?
'샅샅이 더듬어 가면서 살피다.'
라는 순우리말입니다.

1. 다음은 빨간색 물을 흡수한 식물의 줄기 단면을 잘라 표현한 그림이다. 이것을 통해 알 수 있는 줄기의 기능은 무엇인지 쓰시오.

2. 어둠 상자로 덮은 잎은 녹말을 만들지 못한다. 이를 통해 식물이 햇빛, 물, 이산화탄소를 이용해 스스로 양분을 만든다는 것을 알 수 있다. 이것을 식물의 ___ 작용이라 한다.

3. 태양이 동쪽에서 서쪽으로 가는 중 남쪽 정중앙을 지나게 될 때 태양의 고도가 제일 높고, 이것을 태양의 ___ 라고 한다.

4. 하루 동안 측정한 태양의 고도와 그때 그림자의 길이, 기온은 서로 밀접한 관계가 있다. 이 셋의 관계를 간단하게 설명하시오.

5. 바람의 속력 40m/s와 기차의 속력 180km/h이 있다면 어느 것이 더 빠른지 비교하시오.

6. 막대자석 주위에 나침반을 두면 나침반 바늘이 움직이게 된다. 어떤 방향으로 움직이는지 그림을 그려 설명하시오.

카피몽을 만나다

"박사님, 그렇다면 우리가 이 구슬을 가지고 가는 게 어때요? 혹시 알아요? 카피몽들이 이 구슬을 따라 우리에게 올지?"
찬혁이가 말했다.
"제가 동물을 많이 키워 봐서 아는데, 동물들은 자기 물건에 대한 소유욕이 강해서 잃어버린 물건을 찾으러 올 수 있을 것 같아요."
"그래, 일리가 있는 이야기구나. 일단 구슬을 우리가 가지고 있는 게 낫겠다. 카피몽들이 구슬을 찾으러 올 수도 있으니까."
"네, 박사님."

"그럼 우리가 카피몽들을 불러볼까? 저기 원숭이들이 좋아하는 바나나 나무 밑에 가서 나랑 재민이가 유인해 볼게요."

찬혁이가 재민이에게 눈짓하며 일어섰다.

"카피몽아, 어서 와라. 우리 나쁜 사람들 아니야. 너희를 해치러 온 게 아니라고."

찬혁이가 후루루루 후루루루 소리를 지르며 원숭이를 불렀다. 발을 바깥으로 향한 채 양발을 어깨너비로 벌려 무릎을 굽히고, 엉덩이는 오리 궁둥이처럼 쑤욱 뺀 후 이마를 두들기며 원숭이 흉내를 냈다.

재민이도 찬혁이를 따라 하며 '카피몽, 어서 오너라.' 하고 외쳤다. 언뜻 보기엔 우스꽝스러운 모습이었지만 전혀 웃기지 않았다. 원숭이를 찾는 찬혁이와 재민이의 행동엔 진지함이 느껴졌다.

"아이고, 힘들어. 원숭이고 카피몽이고 못해 먹겠네."

찬혁이가 한참 하다가 숨을 헉헉대며 포기했다.

"찬혁아, 조금 쉬자. 이거 되게 힘들다. 하지만 분명 카피몽이 우리 목소리를 들었을 거야."

재민이가 위로의 말을 건넸다. 그러는 사이 산언저리에 걸쳐 있던 해가 뉘엿뉘엿 넘어갔다. 숲이 금방 어두워졌다. 숲속의 낮은 일순간 밤으로 바뀌었다. 냉기와 어둠이 숲에 내려앉으며 한층 긴장감이 더해졌다.

"오늘은 카피몽을 찾지 못할 것 같구나. 일단 아쉬운 대로 이곳에서 눈을 좀 붙이자꾸나. 어두워서 더 이상 움직이는 것은 위험하겠어. 나뭇잎을 따서 땅바닥에 깔고 누우면 찬기가 많이 올라오진 않을 거야."

나 박사가 말했다.

"네. 다행히 여름이라 많이 춥진 않아요. 불을 지피면 그럭저럭 쉴 수 있겠어요."

마른 나뭇가지를 모아 작은 모닥불을 피워 놓고 모두 잠이 들었다. 동진이는 정해진 순서대로 첫 불침번을 섰다. 종일 힘든 여정에 졸음이 밀려왔다. 따뜻한 온기에 자신도 모르게 꾸벅꾸벅 졸다 깜짝 놀라 잠에서 깼다. 동진이는 사그라지는 모닥불에 얼른 나뭇가지를 던져 넣었다. 탁탁 소리를 내며 다시 모닥불이 커졌다.

'엄마 아빠 계신 집이 좋긴 좋구나. 지금 따뜻한 침대에 누워서 잔다면 얼마나 좋을까?'

동진이는 땅바닥에 웅크리고 자는 친구들을 둘러보았다. 그리고는 고개를 들어 하늘을 보았다. 보름달이었다. 보름달을 보니 집 생각이 더 간절했다.

'보름달이라 환하구나. 그런데 한국은 지금 어떤 달이 떠 있을까? 어제 박사님이 남반구, 북반구 이것저것 말씀하셨는데……. 아, 맞다. 그건 태양이었지? 이건 달이잖아. 에이, 모르겠다. 나중에 여쭤 봐야겠다. 괜히 머리만 아프네.'

동진이 혼자 있으려니 이런저런 생각으로 머릿속이 가득 차 머리만 복잡했다.

여러 날 동안의 달의 모양

❶ 하루 동안의 달의 모양

달은 하루 동안 (동)쪽에서 보이기 시작하여 (남)쪽을 지나 (서)쪽으로 사라진다.(지구의 자전 때문)

❷ 여러 날 동안의 달의 모양

초승달	상현달	보름달	하현달	그믐달
음력 2, 3일	음력 7, 8일	음력 15일	음력 22, 23일	음력 27, 28일

그때였다. 어둠 속에서 인기척이 느껴지더니, 나 박사 일행을 둘러싸고 있는 번뜩이는 눈들이 보였다.

"앗, 깜짝이야!"

동진이는 기겁하며 눈을 질끈 감았다. 정신을 차리고 보니 원숭이 수십 마리가 나 박사와 아이들을 둘러싸고 있었다.

'아니 저 녀석들 언제부터 여기 있었던 거야? 귀신인 줄 알고 간 떨어질 뻔했네.'

"박사님, 일어나 보세요. 저기 원숭이들이에요. 카피몽이 왔나 봐요."

보라색 몸에 하얀 가슴 털. 나 박사가 설명해 준 카피몽의 모습과 똑같았다. 동진이는 카피몽에게서 눈을 떼지 않고, 다리를 펴 발로 잠들어 있는 친구들을 흔들었다. 모두 깜짝 놀라 벌떡 일어났다.

"카피몽? 옳거니! 카피몽의 모습이 맞아. 책에서 읽었던 모습이 그대로구나."

나 박사가 놀라며 원숭이들을 보고 말했다.

"불침번 서는 동안 원숭이가 오는 낌새가 전혀 없었는데, 이렇게 많은 수의 원숭이들이 언제 왔죠?"

동진이가 말했다.

사실 카피몽들은 이곳 뫼비우스의 숲에서 보물찾기를 시작할 때부터 이들을 쳐다보고 있었다. 나 박사 일행은 그것을 눈치채지 못하였고, 카피몽들은 낯선 이들이 위험하지 않다고 생각되자, 조용히 자신들의 존재를 드러낸 것이다.

"일단 우리가 위험한 사람이 아니란 걸 알려줘야겠어. 쟤네들의 주인이었던 매직매스학파 사람들을 존경하는 사람들이라는걸."

그때 갑자기 찬혁이가 자신의 이마를 두드리며 앞으로 성큼성큼 나갔다.

"카피몽 친구들 안녕! 내 이름은 찬혁이야."

'아하, 우리에게는 찬혁이가 있었구나.'

아이들은 안심이 됐다. 찬혁이는 동물을 잘 다루고 동물과 친하게 지냈다. 찬혁이가 어렸을 때 부모님이 사슴 농장을 하셔서 여러 동물을 키우며 같이 논 경험 때문이었다.

찬혁이는 어떤 동물도 무서워하지 않았다. 개나 고양이는 물론이고, 뱀이나 각종 곤충도 잘 키웠다. 친구들 눈에 찬혁이가 카피몽과 친해지는 건 당연했다. 아니나 다를까? 찬혁이가 앞으로 나가자 카피몽들이 눈빛부터 달라졌다. 경계심을 풀고 급호감을 보이는 것 같았다.

'저놈들도 찬혁이가 좋은가 봐. 진짜 다행이야.'

재민이는 속으로 생각했다.

그중에서 대장으로 보이는 카피몽이 무리 뒤에서부터 모습을 드러냈다. 찬혁이는 한 치의 망설임도 없이 정체 모를 소리를 내며 대장 카피몽에게 다가갔고, 대장 카피몽에게 가지고 있던 구슬을 건넸다.

"후루루루. 네가 대장 카피몽이구나. 일단 이거 받아. 아까 우리가 주웠어."

찬혁이는 말이 통하든 통하지 않든 자신 있게 이야기했다. 대장 카피몽은 잠깐 주저하더니 캬캬캬 소리를 내면서 구슬을 받아들고 좋아했다.

찬혁이가 이어서 말했다.

"카피몽, 우리를 매직매스마을로 좀 데려다줘. 우린 해적 같은 나쁜 사람들 아니야. 데려다만 주면 구슬 주운 걸 모두 돌려줄게."

찬혁이는 자기의 이마를 치면서 입을 쭈욱 내밀고 원숭이 흉내를 내며 대장 카피몽을 바라봤다. 대장 카피몽은 잠시 망설이다 찬혁이의 눈빛과 모습을 보고 나 박사 일행에게 따라오라는 손짓을 했다. 찬혁이가 한쪽 눈을 살짝 찡그리며 윙크했다.

'이야, 드디어 찬혁이가 해냈구나.'
재민이와 동진이는 조용히 기쁨의 하이파이브를 했다.
카피몽들은 이리저리 수풀을 헤집으며 나 박사 일행을 어딘가로 안내했다. 짙게 내린 어둠 속으로 점점 깊이 들어가는 것 같아 두려웠지만, 설렘과 떨림을 느끼며 나 박사와 아이들은 카피몽들을 열심히 따라갔다.
'앗, 여기에 이런 길이?'
한참을 가다 카피몽들이 멈춰 섰다. 덩굴과 수풀에 가려져 아무것도 보이지 않던 수풀 사이에 작은 길이 보였다.

공부에 도움이 되는 수학·과학 톺아보기

★톺아보기란?
'샅샅이 더듬어 가면서 살피다.'
라는 순우리말입니다.

1. 달은 하루 동안 동쪽에서 보이기 시작하여 남쪽을 지나 서쪽으로 사라진다. 그 이유는 무엇인지 쓰시오.

2. 여러 날 동안 달의 모양을 관찰하면 달의 모양이 변한다는 것을 알 수 있다. 음력 날짜에 따라 달이 어떤 이름으로 불리는지 다음 표를 완성하고 달의 모양을 그리시오.

음력 2, 3일	음력 7, 8일	음력 15일	음력 22, 23일	음력 27, 28일

3. 달은 스스로 빛을 내지 못하지만, 우리의 눈에 매우 잘 보인다. 그 이유는 무엇인지 쓰시오.

숨겨진 매직매스마을

"반갑습니다. 대한민국에서 온 김치밀 형사라고 합니다."
김 경감과 무 경위는 인터폴 사무실로 들어가며 큰 소리로 인사했다. 사무실에는 7, 8명이 모여 무언가를 이야기하고 있었다. 그들은 새로 온 한국의 두 형사를 반갑게 맞아 주었다.
"형사님, 저도 좀 소개해 주세요."
"아, 이분은 나혜정씨라고 합니다. 이번 사건 피해자의 어머니인데 유물왕 수사에 참고인으로 오게 되었습니다."
재민이 엄마 나혜정은 처음보다 많이 진정된 상태였다. 그곳 책임자 캅 국장이 친절하게 사무실 사람들을 소개해 주었다.

"이분은 세계 유물 조사단 파인드 소장이십니다. 지금까지 일어났던 세계의 여러 유물 도난 사건에 대해서 가장 많이 알고 계신 분이지요. 유물과 유적에 관해서는 세계적인 권위자라고 감히 말할 수 있습니다."

캅 국장이 한쪽에 있는 머리가 희끗희끗한 노인을 소개했다. 파인드 소장은 소개를 받자 가볍게 고개를 숙였다. 두 형사도 그를 향해 인사했다. 그는 30여 년 넘게 세계의 문화재나 유물 등을 집중적으로 연구하고 훼손 방지를 위해 노력했다.

"일단 지금까지 사건 개요에 대해 제가 설명해 드리고, 앞으로 우리의 수사 방향에 대해 협의하는 시간을 갖겠습니다."

호주 인터폴 캅 국장이 앞으로 나왔다.

"잘 알다시피 유물왕이 현재 매직매스학파의 수학 유물을 노리고, 이곳 섬에 들어와 있습니다. 매직매스학파가 오래전 이곳에 들어가 마을을 세웠는데, 그들의 숨겨진 유물과 문화재 등을 강탈하려고 하는 것이 유물왕의 이번 속셈입니다."

"그곳이 어디에 있습니까?"

"매직매스학파 마을은 공식적으로 발견된 적이 한 번도 없습니다. 현재 추측하기로는 위도 35, 경도 140 지점 근처가 유력합니다. 시드니에서 서쪽으로 30분가량 경비행기를 타고 가면 나오는 큰 섬인데, 그 숲에 마을이 있는 것 같습니다. 물론 유물왕 일당들도 그곳에 들어간 것 같고요. 정확한 위치 파악을 위해서는 조금 더 조사가 필요합니다. 그래서 국제적인 협력을 위해 여러분을 모시게 되었습니다."

"제가 잠깐 이야기하자면……."

파인드 소장이 일어났다.

"현재 유물왕이 공식적으로만 전 세계 유물의 약 50%를 가지고 있다고 합니다. 수십 년 동안 훔치고, 협박해서 빼앗아 긁어모은 것들이지요. 비공식적인 것들까지 합하면 그 수와 양은 훨씬 어마어마할 겁니다. 이번에는 무조건 유물왕을 검거하여 그가 가진 모든 유물을 제자리로 돌려놓아야 할 것입니다."

"중요한 건 유물왕이 범죄 현장에 있을 때 그 자리에서 바로 잡는 것입니다. 지금까지 잡고서도 증거 불충분으로 풀려나거나 부하 중 한 명이 대신 감옥에 갔지요."

캅 국장이 말했다.

"그럼 이번에 노리는 수학 유물은 어떻습니까?"

"수학사적으로 매우 가치 있는 유물들이라고 합니다. 유물왕은 일단 이것을 손에 넣은 후 늘 그랬던 것처럼 잠잠해지면 비밀리에 거액을 받고 팔아넘기려고 할 것입니다."

파인드 소장이 격양된 목소리로 대답했다.

아이들은 카피몽을 따라 숲속의 어느 평평한 평지에 들어섰다. 어두워서 제대로 보이지는 않았지만, 달빛 아래로 여러 채의 집과 건물들이 눈앞에 드러났다.

'어, 이게 뭐지? 어떻게 숲속 한가운데 이런 마을이…….'

황량한 마을이 모습을 드러내고 있었다. 그와 반대로 주변에는 시끄러운 동물 소리가 들렸다. 깊은 밤, 적막한 숲속이라 소리는 더 크게 느껴졌다.

"원숭이 소리 같아. 카피몽의 숫자가 꽤 많은 것 같아."

찬혁이가 말했다.

앞서가던 대장 카피몽이 나 박사 일행을 돌아봤다. 다 왔다는 표시인 것 같았다.

"찬혁아, 여기가 매직매스마을인가 봐. 인제 그만 가도 된다고 이야기해 줘. 여기에 있다고 말이야."

"알겠어. 그거야 뭐 이 찬혁님에게 식은 죽 먹기지."

찬혁이는 대장 카피몽의 손을 잡아 엉덩이를 땅바닥에 대고 앉는 포즈를 했다. 그리고 끼룩끼룩 거리며 잠자는 것처럼 두

손을 옆으로 모았다. 보고 있던 대장 카피몽도 찬혁이를 똑같이 따라 했다. 그러자 찬혁인 달리는 포즈를 하며 집으로 가라는 흉내를 냈다. 대장 카피몽이 알겠다는 듯이 끼익끼익 거리며 흰 이빨을 드러내며 또 웃었다.

"이야, 찬혁인 동물들과 대화가 되나 봐."

"응, 정말 노벨동물상감이야."

재민이와 세라가 깜짝 놀라 했다.

"아, 잠시만! 깜빡 잊을 뻔했어."

찬혁이는 주머니에서 구슬을 꺼냈다. 대장 카피몽에게 준 구슬 1개를 포함해 오늘 주웠던 나머지 7개 구슬 전부였다. 대장 카피몽은 씨익 웃으며 두 손으로 받았다. 그리고 2개씩 옆에 있는 카피몽들에게 구슬을 건넸다. 빨간색 구슬 2개는 바로 옆에 있던 카피몽에게, 노란색 구슬 2개는 그 옆 카피몽에게, 초록색 구슬 2개는 작은 새끼 카피몽에게 주었다. 그리고 자신도 원래 받았던 구슬 1개에 지금 받은 구슬 1개를 손에 움켜쥐었다.

"와, 저건 8÷2로 나누기하는 모습이네. 저건 포함제도 되고 등분제도 되는 건가?"

"포함제? 등분제? 재민아, 그게 무슨 말이야?"

"응, 나도 나눗셈의 뜻이 늘 헷갈렸는데, 한 달 전에 선생님께 확실히 배웠어. 나눗셈 개념이 여러 가지더라고."

"그래? 그럼 나도 좀 알려줘. 나눗셈은 항상 어려워서……."

동진이가 말했다.

"오케이, 그럼 내가 아는 대로 설명해 볼 테니 잘 들어 봐."

포함제와 등분제

❶ 똑같이 덜어내는 '포함제'

전체에서 어떤 수를 반복해서 없어질 때까지 빼는 방법이야.
[피제수의 단위(바나나 개수)=제수의 단위(바나나 개수)]

[예제] 한 상자에 30개씩 담긴 귤을 5개씩 봉지에 넣어 팔려고 한다면 몇 봉지를 만들 수 있을까? 30개 ÷ 5개 = 6봉지
    피제수(귤 개수)   제수(귤 개수)

❷ 똑같이 나누어 주는 '등분제'

모두 똑같이 받도록 없어질 때까지 하나씩 계속 나눠 주면 돼.
[피제수의 단위(바나나 개수) ≠ 제수의 단위(사람 수)]

[예제] 철사 27m를 9명이 나누어 가지면 한 명당 철사를 몇 m씩 가지게 될까? 27m ÷ 9명 = 3m
    피제수(철사 길이)   제수(사람 수)

"또 다른 한 가지는 곱셈의 역수로도 나눗셈을 설명할 수 있어. '10은 5의 몇 배인가?'라는 질문이 있다면 10=5×□라면 □=10÷5, □=2가 되는 거야. 직사각형의 넓이를 구할 때 넓이와 한 변의 길이만 알고 다른 변을 모르는 경우에도 이런 방법으로 풀 수 있겠지."

'이 녀석 제법인데!'

옆에서 듣고 있던 나 박사는 조카 재민이가 대견스러웠다.

대장 카피몽은 재민이의 말이 끝나자 기다렸다는 듯이 꾸욱꾸욱 하늘을 향해 소리쳤다. 그리고 큰 나무의 덩굴을 이용해서 건너편 나무로 옮겨 갔다. 그러자 주변에 있던 수십 마리의 카피몽 떼가 대장 카피몽을 따랐다. 순식간에 카피몽들이 자취를 감췄다.

"이야, 동작 한 번 진짜 빠르다. 완전 바람처럼 사라지는데!"

모두 입이 쩍 벌어졌다.

카피몽이 사라진 후 재민이가 말했다.

"삼촌, 저 궁금한 게 있는데요. 해적은 그 후 어떻게 됐어요?"

"해적 떼는 황금과 보물이 어디 있는지 여기저기 뒤졌지만 찾을 수가 없었대. 황금은 원래 없었고, 보물은 학파 사람들이 동굴에 숨겨 버렸거든. 도시로 나온 매직매스학파 사람을 미행해서 마을을 찾는 데 성공했지만, 아무 소득 없이 돌아간 거지."

"그럼 해적들은 지금 이 마을에 없다는 거죠?"

"물론이야. 보물도 못 찾고 해적들이 이곳에 계속 남아 있을 이유가 없었겠지."

나 박사는 계속 말을 이어갔다.

"이야기에 따르면 카피몽의 활약도 컸다고 해. 주인을 잃은 카피몽들이 밤마다 공격했다는 거야. 밤에 어두운 곳에서 돌이 날아오고, 자고 있는데 귀신처럼 나를 쳐다보고 있다고 생각해 봐. 얼마나 끔찍하겠니? 이곳 마을을 점령한 지 얼마 되지 않아서 해적들은 카피몽들에게 두 손 두 발 들고 쫓겨난 거지."

"아하, 이제 좀 정리가 되는 것 같아요. 그럼 이 대회에서 우리가 찾아야 하는 보물도 매직매스학파의 수학 유물일까요?"

"글쎄, 그건 정확하게는 잘 모르겠어. 매직매스학파가 아주 비밀스럽게 무언가를 연구하긴 했는데, 아직 확실하게 말하기가 힘들구나."

나 박사는 끝까지 10년 전 프로젝트와 행방불명된 김정민 교수의 이야기는 하지 않았다. 지금으로선 왠지 하지 않는 게 좋을 것 같았다.

"일단은 램프를 켜 놓고 여기에서 조금 쉬자."

"네. 잘 시간이 한참 지났어요. 저는 9시 땡 하면 자거든요."

어느덧 시곗바늘이 10시를 향하고 있었다.

"그래, 피곤하구나. 나도 아까부터 눈꺼풀이 천근만근이야."

"얘들아! 여기 괜찮다. 빨리 이리 들어와."

재민이가 어느새 옆에 있던 작은 집으로 들어가 문을 열고 손짓하며 말했다.

손전등을 켜고 안을 살펴보니 그런대로 몸을 누이고 잘 수 있을 듯했다. 생각해 보면 이런 밀림에서 차가운 땅바닥에서 자지 않는 것만으로도 감사한 일이었다. 오래되고 허름한 폐가지만 잠자기엔 충분했다.

"그래도 집이라서 그런지 생각보다 아늑하고 괜찮구나. 오늘은 푹 자고, 앞으로 어떻게 할지는 내일 일어나서 생각해 보자꾸나."

나 박사가 아이들을 살피며 말했다.

"카피몽들이 우리에게 호의를 가지고 있으니까, 오늘 밤은 마음 편하게 잠을 자도 될 것 같아요."

재민이가 졸린 듯 하품을 하며 말했다.

"제 입으로 말씀드리긴 그렇지만, 이게 모두 제 덕분인 건 아시죠?"

"맞아, 찬혁아. 완전 인정이야! 너 오늘 최고였어."

나 박사와 아이들은 모두 찬혁이에게 엄지를 들었고, 찬혁이는 어깨를 으쓱해 보였다. 찬혁이는 기분이 매우 좋았다. 카피몽을 만난 일, 마을을 찾은 일. 처음에는 모두 힘들었지만, 신나고 흥미진진한 일들의 연속이었다. 멋진 탐험가가 되어 팀원들에게 도움이 된 것 같아 스스로 너무 대견스러웠다.

"자, 어서 자자."

"네, 박사님, 안녕히 주무세요."

말이 끝나기 무섭게 드르렁드르렁 나 박사의 코 고는 소리가 들렸다.

"정말 마음 편하신 분이라니까."

동진이가 졸음이 가득한 목소리로 중얼거렸다.

고요한 밤, 적막한 새 소리와 문틈 사이로 들리는 바람 소리, 나 박사의 코 고는 소리가 오묘하게 어우러져 앙상블을 이뤘다. 재민이는 몸은 피곤했지만, 막상 눈을 감으니 낯선 분위기와 긴장감 때문에 잠이 오지 않았다. 그렇게 한참을 뒤척이다 재민이는 겨우 잠이 들었다.

"회장님, 드디어 찾았습니다. 매직매스마을을요."
"그래, 역시 나 박사답군. 우리의 기대를 저버리지 않았어."
이어폰을 끼고 상황판 모니터를 주시하고 있던 유물왕과 정 실장, 박 비서는 서로를 마주 보았다. 최첨단 통신위성 장비로 나 박사 일행의 이동 경로를 추적하는 중이었다.

유물왕은 이곳 숲속 보물찾기 대회를 개최한 사람이었다. 정확히 말하면 가짜 대회를 계획하여 나 박사와 아이들을 끌어들인 인물이다. 그는 평소 유물을 훔치거나 헐값에 산 후 이를 비싼 값으로 팔아 엄청난 부를 축적하고 있었다. 하지만 늘 직접 나서지 않아 소문만 무성하고 베일에 싸인 인물이었.

정 실장은 유물왕의 핵심 부하로 유물왕을 대신해 회사의 얼굴 역할을 하였다. 중요한 손님을 만나고, 각종 행사에 책임자로 모습을 드러내 외부에서 보기에는 정 실장을 회사 대표로 알고 있는 사람도 많았다. 박 비서는 유물왕의 행동 대장으로 자질구레한 일부터 여러 가지 회사의 귀찮은 업무를 했다. 또한, 사람들을 동원하여 협박하거나 폭력도 일삼는 못된 인물이었다.

컴퓨터에는 지금까지 이동 경로와 거리, 방향, 이동 시간 등이 지도상에 정확하게 표시되고 있었다. 이야기 또한 모두 도청 장치를 통해 이곳 상황실에 녹음되었다.

"지금 김 선생도 이 상황을 알고 있나?"

"아니요. 아직 전해 주진 않았습니다."

"그동안 우리가 그렇게 찾아도 찾지 못했던 것을 찬혁이란 놈이 카피몽을 이용해 찾아 버렸어. 그것도 일개 초등학생이……. 왜 우리에겐 저런 인재가 없는 거야?"

"죄송합니다, 회장님."

"정 실장 니가 죄송할 것은 아니지. 모두 내가 인복이 없어 그런 거지. 그나저나 지금 김 선생은 무얼 하고 있지?"

"네, 제가 그리스에 있는 아르키메데스 유물을 찾는 사전 조사 작업을 시켜 놓았습니다. 지금 문헌 조사를 끝낸 후 컴퓨터에 입력하여 프로그램을 만들고 있을 겁니다. 거의 막바지 작업을 하는 것 같습니다. 그런데 회장님, 김 교수에게도 지금의 진행 상황을 조금이라도 이야기해야 하지 않을까요?"

정 실장이 물었다.

"아니야. 우리의 계획을 모두 알려 주기엔 확실한 신뢰가 가지 않아."

"그래도 우리 일에 늘 협조적이고, 시키는 것을 잘하고 있지 않습니까?"

"물론 그렇긴 하지만, 그게 진심으로 우리를 위한 건지 아닌지 속내를 정확하게는 모르겠어. 한순간에 변한 놈들은 또 나중에 상황에 따라 배신을 하게 되지. 난 한번 배신한 놈들은 절대 완전히 신뢰하지 않아."

"네, 회장님. 김 교수가 처음에 워낙 강경해서 우리 편으로 만드느라 엄청나게 힘들었죠."

박 비서가 씁쓸한 미소를 지으면 말했다.

김 교수는 나 박사와 함께 '잃어버린 비밀을 찾아서'라는 비밀 프로젝트를 추진하던 중 갑자기 행방불명되었다. 장래를 촉망받던 교수가 갑작스럽게 사라진 사건은 온갖 억측과 루머를 만들었다. 김 교수의 가족들은 생사라도 확인하고 싶었지만 알

길이 없었고, 그 충격으로 한국을 떠나 이민을 한 가족들의 소식도 이젠 완전히 끊어졌다. 그런데 그 김 교수가 유물왕과 함께 있는 것이다.

10년 전 김 교수를 납치했던 박 비서는 온갖 회유와 협박으로 김 교수를 자신의 편으로 만들기 위해 노력했던 일들을 떠올렸다. 조금 마음속으로 찔리기도 했지만, 자신의 출세를 위해서 유물왕이 시키는 일을 충실히 하고 있었다.

"아무래도 내가 김 선생을 직접 만나 봐야겠다. 정 실장 준비해."

"네, 회장님."

공부에 도움이 되는 수학·과학 톺아보기

★톺아보기란?
'샅샅이 더듬어 가면서 살피다.'
라는 순우리말입니다.

1. 먹기를 좋아하는 찬혁이와 일행들은 정글에서 한 부족을 만났다.

❶ 그들이 준 48개의 과일을 6개씩 묶은 후 각 바구니에 나누어 담고, 한 바구니에 담긴 과일을 2명에게 나누어 주었다면, 한 사람이 먹은 양은 얼마인가?

❷ 또다른 과일 20개를 $\frac{1}{5}$씩 나누어 담은 후 그것을 두 사람이 똑같이 먹었다면, 한 사람이 먹은 과일은 몇 개인가?

❸ ❶과 ❷의 과일 중 어느 것의 개수가 많은지 비교하시오.

2. 직사각형의 넓이가 $\frac{3}{8}$ m²이고 가로의 길이가 $\frac{1}{4}$ m이면 세로의 길이는 얼마인지 구하시오.

생각하는 힘을 키우는 공간

"일단 시드니에 있는 유물왕 회장의 회사 머니슨 컴퍼니부터 압수 수색을 하겠습니다. 겉보기에는 정상적인 금융 회사 같지만 유물왕 회장 개인 소유의 불법 비자금을 관리하는 회사인 것 같습니다. 압수수색영장을 받았으니 거기에 있는 모든 자료를 종이 한 장 남기지 말고 다 들고 오십시오. 만약 수사를 방해하는 놈이 있으면 모두 연행해도 좋습니다."

캅 국장이 형사들을 진두지휘했다.

"네, 알겠습니다."

모여 있던 인터폴 형사들은 차량 2대로 나누어 타고 머니슨 컴퍼니로 출동했다. 김 경감과 무 경위도 수색에 동참했다. 무엇보다 보안이 중요한 사항이라 모든 인원은 비밀 유지 각서를 썼고, 혹시나 모를 저항과 위험에 대비해 무장한 국제경찰 2개 분대의 병력이 인터폴 형사들을 호위했다. 만약 유물왕의 불법 비자금 회사가 맞는다면 증거 수집을 통해 유물왕 검거에 한층 탄력을 받을 게 분명했다.

"다 왔습니다. 이곳이 머니슨 컴퍼니입니다."

회사 입구와 지하 주차장에 경찰력을 배치하고 인터폴 형사들은 순식간에 8층에 있는 사무실로 올라갔다. 사무실은 빌딩 한 층을 전부 쓰고 있는 꽤 큰 규모였다.

"지금부터 본 회사에 대한 압수 수색을 하겠습니다. 수사에 협조하지 않는 모든 사람은 바로 연행됩니다."

캅 국장이 문을 열며 소리쳤다. 사무실 안에는 5, 6명의 여자 직원과 2명의 남자 직원이 있었다. 갑작스러운 형사들의 등장에 안에 있던 사람들은 깜짝 놀라 허둥지둥 무언가를 숨기기에 바빴다.

"다들 가만히 있으세요."

형사들은 일단 컴퓨터부터 수거하기 시작했다. 컴퓨터 서버 및 하드 등 자료가 저장된 메모리 일체를 쓸어 담았다. 또한, 캐비닛, 책상 속에 있는 서류와 문서까지 빠짐없이 상자에 담았다.

"아니, 뭐야? 당신들 누구야?"

어느 틈에 나타난 험상궂은 남자들이 형사들 앞을 가로막았다. 짧은 스포츠머리로 울퉁불퉁 근육에 문신이 보였다.

"협조하는 게 좋을 겁니다."

캅 국장이 영장을 보여 주자 근육질 사내들은 움찔거렸다.

"왜 우리에게 이러는 겁니까?"

"이 회사가 유물왕 회장의 불법 비자금 운용을 위한 가짜 회사라는 걸 다 알고 왔습니다. 다시 한 번 이야기하지만, 협조하는 게 좋을 겁니다. 만약 수사를 방해하면 누구든지 연행될 것입니다."

캅 국장은 권위 있는 표정으로 상대를 압도하였다. 1시간여 정도 지나 압수 수색 막바지에 다다를 때였다.

"국장님, 이 사람들이 지하 주차장에서 서류 가방을 차에 싣고 도망가려는 것을 잡아왔습니다. 아무래도 수상쩍습니다."

"그래? 우리가 모든 문을 지키고 있었는데, 어디로 빠져나갔지?"

"빌딩 안에 비밀 통로가 있는 것 같습니다."

"그래? 마침 잘 됐군. 이 사람들도 같이 연행해."

캅 국장은 가차 없이 소리쳤다.

다음 날 아침, 잠에서 깨보니 마을의 모습이 한눈에 들어왔다. 숲속의 텅 빈 마을은 황량한 느낌이었다. 길가에 세워진 집들이 눈에 띄었는데, 통나무로 뼈대를 올린 후에 덩굴을 가로세로로 엮어 지붕을 만든 집이었다. 집안 문을 열자 온갖 곤충들로 수놓은 거미줄이 곳곳에 드리워져 있었다.

"으악, 거미 좀 봐."

세라가 손가락으로 거미를 가리켰다. 정글의 거미는 한국에서 보던 거미와 수준이 달랐다. 일단 크기부터가 족히 10배는 커 보였고, 다리와 몸통이 온통 털로 가득 덮여 있어 너무 징그러웠다.

"근데 저런 거미는 자기가 만든 줄에는 왜 걸리지 않을까?"

"아, 그건 내가 알아. 거미는 끈적이는 줄과 건조한 줄을 만드는데 끈적이는 줄로 먹이를 잡는 거야, 자기는 건조한 줄로 다니기 때문에 안 걸리는 거래."

찬혁이의 물음에 재민이가 답했다.

"저 정도 크기라면 거미줄에 걸린 새도 잡아먹을 수 있을 것 같아."

동진이가 혼잣말을 했다.

옆에 있는 문을 열자 부엌이 있었다. 밥을 해먹었던 아궁이와 솥 등이 아직 남아 있었다. 하지만 모든 철로 된 기구에는 녹이 잔뜩 슬어 있었고, 곰팡이와 이름 모를 이끼들이 집 안 구석구석에 피어 있었다. 고개를 돌려보니 아궁이 한쪽에는 사람들이 사용하기 위해 모아놓은 장작들이 차곡히 쌓여 있었다.

밖으로 나온 나 박사 일행은 큰길을 중심으로 걸었다. 마을 한가운데로 십자 모양의 큰길이 나 있었다. 큰길은 폭이 2m 정도 되는데, 제법 큰 돌과 자갈이 깔려 있어서 다니기에 불편하지 않았다. 하지만 큰길 옆으로는 정체 모를 잡초가 무성하게 자라고 있었다.

　마을 광장에는 커다란 해시계가 놓여 있었는데, 가운데 밧줄이 걸려 있는 특이한 모양의 시계였다. 북쪽에 맞춰져 있어서 그림자에 따라 시간도 알 수 있게 되어 있었다.

　"역시 똑똑하구나, 이런 해시계를 만들다니. 사람들이 뫼비우스의 숲에서도 동서남북을 정확히 찾을 수 있도록 고정해 놓았어."

　세라가 감탄하며 말했다.

　나 박사 일행은 마을을 좀 더 둘러보기로 했다. 수학자의 마을답게 마을 곳곳에 여러 숫자, 기호 등이 어지럽게 쓰여 있는 것도 볼 수 있었다. 또한, 마법을 형상화한 여러 모습이 담긴 그림도 여기저기 있었다.

"수학 잘하는 사람은 머리가 엄청 좋은 게 확실해. 난 수학이 제일 어렵거든."

찬혁이가 마을을 둘러보며 말했다.

"머리도 물론 좋았겠지만, 수학을 좋아하는 사람들이 아니었을까? 아무리 머리가 좋아도 수학을 싫어하면 절대 잘할 수 없으니까."

나 박사가 답했다.

마을 끝에 다다르자 같은 크기 통나무로 울타리가 빼곡히 세워져 있었다. 꽤 오랫동안 정성껏 마을을 일구고 가꾼 것을 알 수 있었다.

"마을의 둘레를 원 모양으로 쌓았어."

"원 모양으로 울타리 치기가 가장 쉬웠겠지. 가장 적은 양의 나무가 들었을 테니까. 같은 넓이일 때 원으로 갈수록 둘레가 가장 작아지거든."

재민이가 찬혁이에게 답했다.

"그럼 만약 원이 아니면 둘레가 더 길어진다는 말이야?"

"당연하지. 넓이와 둘레의 관계는 도형의 모양마다 차이가 있어."

"같은 넓이가 나오면 둘레도 똑같은 게 아니야?"

"하하, 그럼 내가 문제를 내볼게."

재민이가 문제를 냈다.

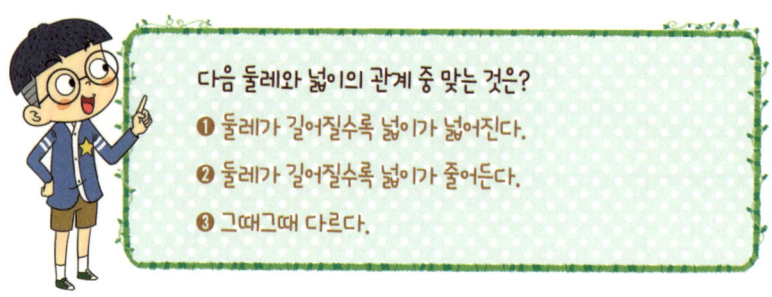

"글쎄. 내 생각엔 아무래도 둘레가 길어질수록 넓이가 넓어질 것 같은데?"

"땡! 정답은 3번이야. 넓이와 둘레는 도형의 모양에 따라 차이가 나. 원 모양과 사각형 그리고 삼각형 모양을 비교해 보면 더 알기 쉬워. 매듭을 지은 끈으로 도형을 만든다면 같은 둘레일 때 세 도형은 이런 모양이 나올 거야. 한눈에 보기에도 원이 가장 넓고, 사각형이 중간, 삼각형이 가장 좁아 보이지?"

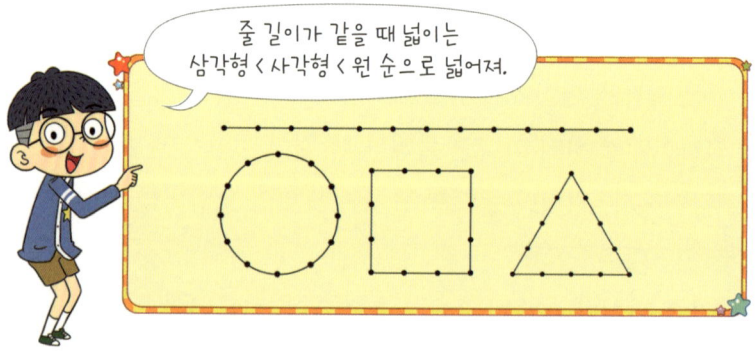

"그렇구나. 그럼 반대로 생각하면 원, 사각형, 삼각형이 같은 넓이라면 둘레는 삼각형이 제일 크고, 사각형이 중간, 원이 가장 작겠네."

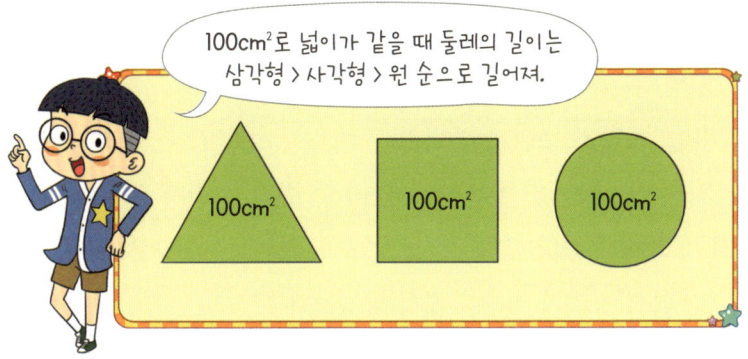

"그렇지, 이 원리를 생활 속에 이용한 게 우리가 자주 마시는 캔 음료야. 캔이 동그란 것은 똑같은 양의 음료를 넣었을 때 가장 작은 둘레를 만들어 겉면적을 줄이려는 거지. 그래야 캔의 재료비도 가장 적게 들겠지."

"우와, 재민아 너 대단하다. 완전 똑똑해!"

"이 정도로 뭘."

재민이가 혀를 내밀며 민망해 했다.

어느새 해가 산 너머 동쪽 하늘에 꽤 올라와 있었다.

"아, 배고파. 박사님, 우리 밥 먹고 해요."

"그러자꾸나. 그렇지 않아도 말하려던 참인데. 금강산도 식후경이라고 밥은 먹어야지."

어제 받은 전투식량으로 간단하게 아침을 준비했다. 아침은 비빔밥으로 전투식량을 물에 데워 밥을 만들고 채소와 소스를 넣어 비벼 먹으면 되었다. 그때 갑자기 무전기에서 치익치익 거리며 이상한 소리가 들렸다.

"별일 없나?"

"네, 현재까진 별일 없습니다."

분명 두 남자가 말하는 소리였다.

"뭐지? 빨리 무전기 꺼내 봐."

재민이가 황급히 무전기를 꺼내 들었다. 그러자 갑자기 뚝 하며 소리가 끊겼다.

"분명 말소리가 무전기에서 들렸는데?"

"무전기 주파수가 혼선된 건가?"

"물론 그럴 수도 있지만, 이상한 일이구나."

나 박사도 고개를 갸웃거렸지만, 눈빛은 매서워졌다.

밥을 먹고 잠시 쉬며 주위를 둘러보는데, 옆에 화단과 큰 나무가 보였다. 가까이 가서 보니 나무에 푯말이 붙어 있었다.

나무엔 열매가 달려 있고 덩굴이 엉켜 있었다.

"옛날 애들은 이렇게 공부한 거야. 이렇게 밖에서 나무 열매를 먹으면서?"

동진이가 말했다.

생각하는 힘을 키우는 공간

모든 도형이 서로 통하는 것을 알게 되는 통(通)화단과 통(通)나무. 이곳에 앉아서 넓이의 비밀을 찾아보아라.

첫 번째, 열매를 이용하라.
두 번째, 덩굴을 이용하라.
세 번째, 화단을 이용하라.

-매직매스학파-

"일단 이거나 먹으면서 생각해 보자."

찬혁이는 나무 열매를 따서 한 입 베어 물었다.

"이거 시원하고 맛이 괜찮아. 생긴 거랑 다르게 참외 맛이랑 비슷한걸."

열매를 우적우적 씹어 먹으며 찬혁이가 말했다.

"넓이의 비밀이라. 이 열매를 먹으면서 넓이의 비밀을 찾으란 말이지……."

재민이는 호기심에 궁리를 시작했다.

"넓이가 특별히 뭐 있어? 그냥 공식 외워서 구하면 되지."

동진이가 귀찮다는 듯 말했다. 이곳은 동진이처럼 도형의 넓이를 공식 외우기로만 알고, 생각하는 것을 귀찮아하는 학생들을 위한 공간이었다. 재민이는 한 가지 도형의 넓이를 구할 수 있으면 다른 도형도 쉽게 구할 수 있다던 수학 선생님의 말씀이 생각났다.

"나 언젠가 선생님께 들은 적 있어. 열매를 이용해서 넓이를 구하는 첫 번째 방법은 알 것 같아. 이렇게 열매를 가로로 자르면 단면이 원 모양으로 나오잖아. 그럼 이 원을 지름에 따라 여러 조각으로 자르는 거야. 이것을 잘게 자르면 자를수록 올록볼록했던 원 모양이 직선 모양이 되는 거지."

재민이는 열매를 칼로 썰어 이리저리 놓아가며 원의 넓이를 비교해 보았다.

"와, 이거 신기하다. 갈수록 점점 평행사변형 모양이 되네?"

"응, 둥그런 원이 평행사변형으로 변하고 있어."

"그렇지. 이렇게 한없이 잘게 쪼갠다면 원의 넓이가 직사각형의 넓이가 되는 거고, 원의 넓이 구하는 공식은 반지름×반지름×3.14가 되는 거야."

"그럼 혹시 원을 삼각형으로 만들 수는 없을까?"
"원을 삼각형으로 변신시키기?"
"원으로 사각형을 만든 다음 반으로 나누면 삼각형이 되겠지."

"아, 그럼 되겠구나. 그런데 원 자체를 삼각형으로 만들 수는 없을까? 힌트가 '덩굴을 이용하라.'였는데, 혹시 덩굴로 만들 수 있지 않을까?"

찬혁이가 말했다.

"그렇지!"

세라는 뭔가 떠오른 듯 두 손가락으로 딱 하고 기분 좋은 소리를 냈다.

"이렇게 덩굴을 이용해 보는 거야. 덩굴을 지금처럼 돌돌 말아서 원을 만들었다고 했을 때 이 원을 이렇게 자르면 삼각형이 될 것 같아."

세라는 나무에서 덩굴을 뜯어내 원으로 만든 다음 반지름만큼 잘라내고 그것을 다시 펼쳐서 삼각형 모양으로 만들었다.

아이들 눈이 둥그레졌다.

"원을 잘라 삼각형을 만들었어. 삼각형의 밑변과 높이를 구하려면 밑변은 원의 둘레와 같고, 삼각형의 높이는 원의 반지름과 같으니까 원의 넓이를 삼각형의 넓이로도 찾아낼 수 있게 되는 거야."

"원을 어떻게 자르고 붙이느냐에 따라 사각형도 되고 삼각형도 되는구나."

모두 신기해했다. 나 박사도 이번엔 깜짝 놀랐다. 세라의 풀이는 사실 지금껏 한 번도 생각하지 못했던 내용이었다.

화단은 사다리꼴 모양이었는데, 안으론 예쁜 꽃들이 피어 있었다. 위쪽에는 흰색 꽃이 있었고, 아래쪽에는 붉은색. 화단은 작은 돌멩이로 경계가 만들어져 있었다.

"세 번째 힌트가 '화단을 이용하라.'인데 여기는 사다리꼴의 넓이를 배우기 아주 좋겠어."

나 박사가 말했다.

"사다리꼴 넓이 공식을 잘 알아요. (윗변+아랫변)×높이÷2 잖아요."

동진이가 자신 있게 대답하자, 미소를 띤 얼굴로 나 박사가 물었다.

"그럼 왜 그렇게 되는지 설명해 줄 수 있을까?"

"글쎄요. 왜 그렇게 되는지는 잘 모르겠어요. 전 늘 공식만 달달 외워서…… ."

동진이가 머리를 긁적인다. 옆에 있던 찬혁이도 고개를 갸우뚱했다. 공식은 외워서 답은 구할 수는 있는데, 왜 그렇게 되는지는 잘 몰랐다.

"동진이처럼 그냥 공식만 열심히 외우면, 답을 구할 수는 있지만 그 이유를 설명하긴 힘들 거야. 지금부터 원리를 이야기해 줄 테니까 잘 들어 보렴."

나 박사가 설명을 시작했다.

"먼저 이것이 직사각형이야. 직사각형의 넓이 내는 공식은 물.론. 가로×세로지."

"네."

동진이가 고개를 끄덕거렸다.

"사람들은 넓이를 구하기 위해 가로 1cm와 세로 1cm의 넓이를 1cm^{2}로 하자고 약속했어. 그래서 가로와 세로의 길이를 알면 넓이를 구할 수 있게 됐지. 이것은 1cm^{2}가 15개인 조각으로 넓이는 5cm×3cm=15cm^{2}가 되는 거야."

이 사각형의 넓이는 5cm×3cm=15cm^{2}가 돼.

나 박사는 그림을 그리며 계속 설명했다.

"이 가로×세로만 알면 나머지 모든 평면도형의 넓이를 구할 수 있게 된단다. 이 직사각형을 요렇게 사선으로 잘라서 이쪽에다 연결해 붙이면 어떤 모양이 되니?"

"네, 평행사변형이 돼요."

"아까 직사각형의 가로와 세로가 평행사변형에서 달라졌니, 똑같니?"

"음. 그대로 똑같아요."

"그렇지. 그냥 직사각형이 평행사변형으로 모양만 변하고, 가로와 세로의 길이나 넓이가 달라진 게 아니지?"

"네."

"그럼 평행사변형의 넓이는 어떻게 구해야겠니?"

"처음 직사각형의 가로와 세로의 넓이를 곱하면 돼요."

"그렇지, 직사각형의 가로와 세로를 이런 평행사변형의 모양에선 밑변과 높이라고 한단다. 그래서 평행사변형의 넓이 내는 공식은 밑변×높이가 되는 거란다."

"아, 그렇구나."

 교과서에서 찾아볼까!

넓이, 서로 통하는데 왜 어려워 해?

❶ 평행사변형

마주 보는 두 쌍의 변이 평행인 사각형으로, 평행한 두 변을 밑변이라 하고 두 밑변 사이의 거리를 높이라 한다. 왼쪽의 평행사변형과 오른쪽의 직사각형은 원래 크기가 같은 도형이다.

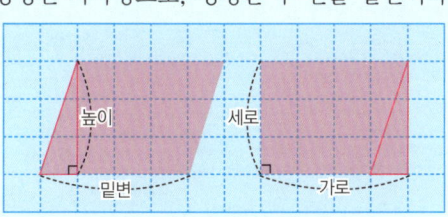

사각형의 넓이=가로×세로=밑변×높이

❷ 삼각형

삼각형은 평행사변형을 반으로 나누어 2개를 만들 수 있다.
삼각형의 넓이=평행사변형의 넓이÷2.
즉, 밑변×높이÷2는 삼각형의 넓이가 된다.

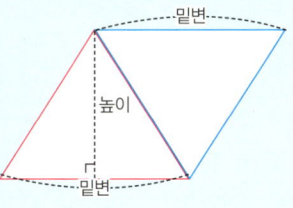

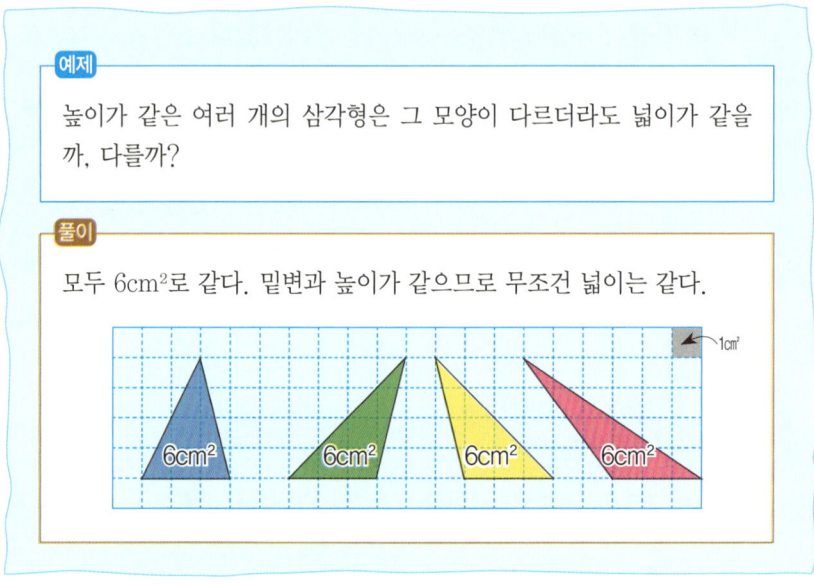

"자, 그럼 이 평행사변형을 이용해서 사다리꼴의 넓이 구하는 방법도 찾아보자. 위쪽은 흰색 아래쪽은 붉은색 꽃이 피어 있는 사다리꼴 모양의 화단에서 위쪽을 잘라서 한 바퀴 돌려 아래쪽에 가져다 붙인다고 생각해 봐. 어떤 모양이 되니?"

"평행사변형이 돼요."

"그렇지, 사다리꼴이 넓이는 똑같지만 정확하게 높이가 절반인 평행사변형으로 변하지. 그래서 이 평행사변형의 넓이를 구한다면 {(윗변+아랫변)×높이}÷2가 되는 거야."

"덧붙이자면 사다리꼴은 도형 중 변신을 제일 잘하는 트랜스포머 도형이야. 사다리꼴 두 개를 합치면 평행사변형이 되고, 사다리꼴을 자르면 삼각형과 삼각형도 되고, 평행사변형과 삼각형이 되기도 하지."

나 박사가 그림을 쓱쓱 그렸다.

"마름모도 마찬가지야. 마름모는 직사각형의 반이라고 생각하면 되겠지? 늘 공식을 모르더라도 도형을 그려 보며 원리를 깨우쳐 보렴. 원리를 알아야 잊어버리지 않겠지!"

나 박사의 말에 동진이가 여러 번 고개를 끄덕였다.

"역시 수학자들이 가꾸어 놓은 곳이라 다른 것 같아요. 원, 사각형, 삼각형, 평행사변형, 사다리꼴 등 모두 서로서로 변신할 수 있다는 걸 깨닫게 됐어요. 마법처럼 모두가 하나로 연결돼요."

"그러게. 마을 곳곳에 수학적 원리를 숨겨 놓았구나."

나 박사가 말했다.

사다리꼴과 마름모의 넓이 이해하기

❶ 사다리꼴

마주 보는 한 쌍의 변이 평행인 사각형으로, 이때 평행한 두 변을 밑변(윗변과 아랫변), 밑변 사이의 거리를 높이라 한다.

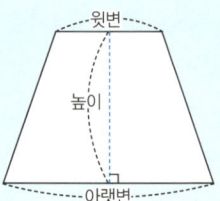

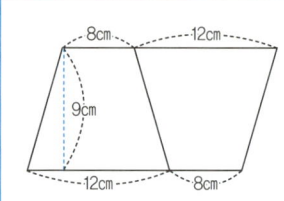 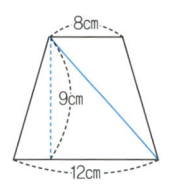 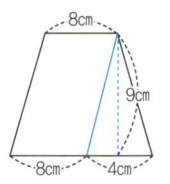

사다리꼴의 넓이=(윗변+아랫변)×높이÷2

❷ 마름모

네 변의 길이가 모두 같은 사각형이다.

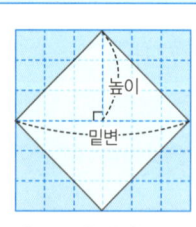

마름모의 넓이
=(삼각형의 넓이)×2
=(밑변)×(높이)÷2×2
=(밑변)×(높이)

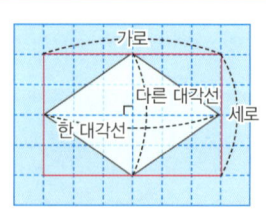

마름모의 넓이
=(직사각형의 넓이)÷2
=(가로)×(세로)÷2
=(한 대각선)×(다른 대각선)÷2

마름모 넓이=(한 대각선의 길이×다른 대각선의 길이)÷2

밥을 먹고 난 후 나 박사와 아이들은 본격적으로 마을 주변을 탐색해 동굴을 찾아보기로 했다. 먼저 마을 아래쪽으로 갔다. 동굴이 있을 것 같은 1km 반경을 돌아다니며 샅샅이 찾아보았지만, 전혀 단서가 보이지 않았다.

"이거 생각보다 꽤 어려운 일인데……."

한참을 수색하던 동진이가 힘든지 털썩 주저앉았다.

"아무래도 이쪽은 아닌 것 같으니, 마을 뒤편으로 올라가 보자꾸나."

마을 뒷산으로 올라갔다. 마을 뒷산에는 키가 크고 길쭉한 나무들이 많았다.

"앗, 카피몽이다."

많은 카피몽들이 보였다. 주변의 높은 나무들마다 카피몽이 만든 집들이 잔뜩 있었다.

"카피몽 집이 여기였구나. 갑자기 다들 어디로 사라졌나 했더니 여기 있었어."

찬혁이가 반가운지 카피몽들을 향해 소리를 지르고 손을 흔들었다. 몇몇 카피몽이 나 박사 일행을 향해 고개를 돌렸다. 새끼 카피몽 하나가 처음 보는 사람들을 호기심과 경계 어린 눈빛으로 살펴봤다.

카피몽들은 곳곳에서 무리를 짓고 있었다. 어제 봤던 구슬을 가지고 노는 모습도 보였다. 구슬을 땅바닥에 놓고 이리저리 굴리며 한가롭게 서로 뒤엉켜 장난을 쳤다.

"앗, 저기 봐봐."

동진이가 가리켰다. 카피몽 한 마리가 나무에서 뛰어내리다가 뾰족한 돌에 찍혀 팔에 상처가 난 것 같았다. 옆에 있던 카피몽들이 다친 카피몽 주위로 몰려들었다.

"빨리 가 보자. 박사님, 얼른요."

찬혁이가 급하게 말한 후 뒤도 돌아보지 않고 바로 뛰어갔다. 가까이 다가가 보니 카피몽의 팔에 피가 흥건히 젖어 있었다. 생각보다 상처가 깊었다. 찬혁이는 입고 있던 속옷을 벗어 카피몽의 팔에 친친 감아 피가 더 이상 나지 않게 했다.

"박사님, 여기에 바를 약이 없을까요?"

"그러게. 뭐 쓸 만한 게 없나?"

나 박사는 주위를 둘러보았다.

"저 풀이면 되겠는데⋯⋯."

나 박사는 비단풀을 한 움큼 뜯어냈다. 그리고는 돌을 이용해 찧어서 짓이겨 즙을 만들었다.

"밀림에서 흔히 볼 수 있는 풀인데, 지혈 작용을 하지. 이걸 상처에 붙이면 피를 멈출 수 있을 거야."

나 박사는 카피몽 팔에 묶었던 옷을 풀어서 찧어 놓은 비단풀을 올리고 다시 튼튼하게 묶었다. 카피몽들은 옆으로 몰려와 연신 고마운 듯이 주위를 둘러싸고 낑낑거렸다.

"박사님은 이런 것도 공부했어요? 전공이 수학이라고 하셨는데, 어떻게 이런 것도 잘 아세요?"

"하하하, 너무 많은 걸 알려고 하지 마라. 다 나이가 들면 지혜도 쌓이고 그러는 거란다."

사실 약초 감별, 숲속 침투, 응급처치 등은 특수부대에서 3년에 걸쳐 훈련받은 것이었지만 나 박사는 밝히지 않았다.

밥을 먹고 많이 움직여서인지 재민이는 갑자기 배가 아팠다.

"아까 맛있어서 많이 먹었더니 바로 신호가 오네. 이거 어떡하지? 화장실도 없는데⋯⋯."

재민이가 난처한 표정을 지으며 말했다.

"아까 마을 공동 화장실로 가 봐."

마을에 있던 공동 화장실을 떠올리며 찬혁이가 말했다.

"야! 그 오래된 재래식 화장실에 갔다가 무슨 봉변을 당하려고. 바닥에 앉는 순간 나무판이 부러지면서 화장실 안에 퐁당 빠질 수도 있어. 또 화장실 아래에서 뭐가 나올 줄 알고 거기가냐?"

"아참, 그렇지. 그럼 카피몽들에게 물어볼까?"

찬혁이가 말했다.

"야! 원숭이들이 화장실 사용하는 거 봤어?"

"하긴 원숭이들은 그냥 아무 데다 싸겠네."

"아, 어떡하지? 배가 점점 아파지는데⋯⋯."

재민이의 배 속에서는 점점 요란한 천둥소리가 나며 요동을 쳤다.

"아이고, 배야. 이거 싸겠네."

"곳곳이 모두 화장실인데 뭐가 걱정이야."

동진이가 주변 숲을 손으로 가리키며 말했다.

"에이, 그래도 소변도 아니고 큰 볼일인데. 좀 그렇잖아."

재민이가 아랫배를 움켜쥐며 얼굴을 잔뜩 찡그렸다.

"야! 괜찮아. 산속에서는 원래 싸는 곳이 화장실이 되는 거야. 나무에 거름도 되고 괜찮아."

나 박사는 재민이가 민망하지 않게 거들어 주었다.

"나한테만 보이지 않게 빨리 볼일 보고 와."

세라도 털털하게 웃었다.

"그럼 나중에 욕하기 없기다. 일단 난 배가 너무 아파서⋯⋯."

재민이는 친구들이 보이지 않는 곳을 찾아 오른쪽 산모퉁이를 돌아 수풀 속으로 헐레벌떡 뛰어 들어갔다.

"완전 빛의 속도로 뛰어가는데, 하하하."

찬혁이가 재민이의 모습을 보며 큰 소리로 웃었다.

공부에 도움이 되는 수학·과학 톺아보기

★톺아보기란?
'샅샅이 더듬어 가면서 살피다.'
라는 순우리말입니다.

1. 같은 넓이의 정삼각형, 정사각형, 원이 있을 때 각 도형의 둘레의 길이를 비교하여 가장 둘레가 큰 도형부터 쓰시오.

2. 반지름이 6cm인 원의 넓이를 구하시오.

3. 평행사변형의 넓이 구하는 공식을 쓰고, 공식이 만들어진 과정을 설명하시오.

4. 다음 삼각형, 사다리꼴의 넓이와 같은 삼각형과 사다리꼴을 각각 1개씩 그려 보시오.

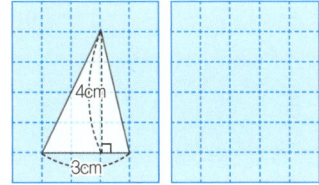 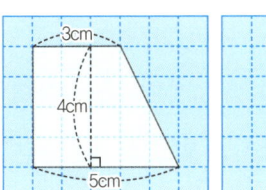 

5. 다음 마름모의 넓이를 구하시오.

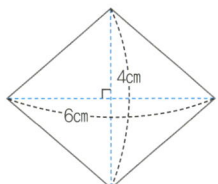

동굴에서 피는 꽃

"삼촌! 이리 와 보세요. 얘들아, 어서 와서 저기 좀 봐."
숲속에서 재민이가 소리쳤다.
"왜 그러지? 혹시 똥 밟았나?"
"자기가 싼 똥 밟으면 정말 대박이다. 그치?"
아이들은 웃으며 재민이의 목소리가 들리는 쪽으로 향했다.
재민이가 볼일을 본 후 한쪽에 서서 손짓하고 있었다.
"아, 똥 냄새."
찬혁이가 과장된 몸짓으로 코를 부여잡았다.
"야! 넌 똥 누다가 말고 왜 우리를 오라고 해?"

"그냥 코 계속 막아. 여기서밖에 보이지 않거든."

재민이가 어딘가를 가리켰다. 손이 향한 곳은 바로 건너편 산이었다. 산의 5부 능선쯤 큰 바위 옆 틈으로 한 사람이 몸을 숨길 수 있을 정도의 작은 구멍이 보였다. 왠지 동굴 입구처럼 보여 모두 그곳으로 가 보기로 했다. 아래쪽에 다다르자 꽤 경사가 심해 오르기가 쉽지 않았다.

"삼촌, 제가 먼저 올라가서 동굴인지 확인하고 올게요."

재민이는 손으로 나무를 잡고 미끄러지지 않게 발을 디디며 경사진 면을 올라갔다. 그리고는 날렵한 모습으로 입구로 가서 안쪽으로 손전등을 비췄다.

"삼촌! 이곳 동굴이 확실해요. 꽤 넓은 공간이 있어요. 어두워서 보이지는 않지만, 손전등 불빛이 꽤 멀리 반듯하게 나갔어요."

재민이가 내려와 나 박사를 바라보며 말했다.

"그럼 빨리 올라가 보자꾸나. 다들 미끄러지지 않게 조심하고!"

재민이를 선두로 나 박사와 아이들은 동굴 입구를 향해 올라갔다.

"그나저나 동굴을 다 찾아내고 재민이 대단하다."

세라가 동굴 입구에 서며 재민이를 보고 말했다.

"내가 원래 엄마 아빠가 숨겨둔 비상금이나 과자를 귀신같이 찾거든, 흠흠."

재민이가 우쭐거렸다.

동굴이 확실했다. 찬혁이는 손전등을 비추어 보았다. 대낮인데도 빛이 없어 동굴 안은 어둠 그 자체였다. 손전등 불빛만 일직선으로 앞을 향하고 있었다. 하지만 오랫동안 사람의 손이 닿지 않은 미지의 공간으로 들어간다는 생각에 두려움이 앞섰다.

"손전등만으론 한계가 있겠어. 횃불을 만들어서 들어가자."

나 박사는 말이 끝나기가 무섭게 근처 소나무 가지를 부러뜨려서 능숙한 솜씨로 횃불을 만들기 시작하였다. 일단 손으로 들기에 알맞은 나뭇가지를 구한 후 작은 야영 칼로 잔가지를 치고, 배낭에서 수건을 꺼내 나뭇가지에 감았다. 그리고 소나무 껍질을 뜯어내 안에 있는 송진을 수건에 묻혔다. 영화에서 본 듯한 제법 괜찮은 횃불이 순식간에 완성되었다.

"자, 이제 불을 좀 붙여 볼까?"

나 박사는 성냥을 이용해 횃불에 불을 붙였다. 송진에 불이 붙으며 횃불이 금세 확 타올랐다. 타오른 불길은 주변을 따뜻하고 환하게 만들었다.

"들어가기 전엔 조금 무섭겠지만, 일단 들어가면 별것 아닐 거야. 지난번 말했듯이 용기는 무섭지 않은 게 아니라 무서운 것을 극복하려는 마음이란다."

동굴 입구로 들어가면서 나 박사가 긴장하고 있는 세라의 어깨를 토닥여 주었다.

동굴 입구를 지나 조금 들어가자 확 트인 공간이 나왔다. 횃불로 동굴 안 모습이 제법 눈에 들어왔다. 밖에서는 전혀 상상

할 수 없는 모습이었다. 수십 명이 들어가서 몇 주일은 생활할 수 있을 정도였다.

"동굴 안에 이렇게 큰 공간이 있다니 믿기지 않아요."

"그러게. 밖에서 봤을 때는 겨우 사람 하나 들어갈 것 같았는데, 안쪽에 이렇게 넓은 장소가 있다니……."

나 박사 일행이 입구 안으로 조금 들어갔을 때 푯말이 보였다. 재민이가 앞으로 가서 또박또박 푯말을 읽었다

> 이곳에 발을 디디는 자여!
> 마법 수학을 아는 자만이 들어올 것이다. 혹 섣부르게 들어올 땐 나가기가 어려울 것이니 지금 결정하라.
> -매직매스학파-

재민이는 등에 소름이 돋는 것 같았다. 동진이가 약간 주저하며 말했다.

"박사님, 괜찮을까요?"

"아무래도 자신들을 위협했던 해적들에게 써 놓은 글이겠지? 우리는 그들을 해치려고 온 사람들이 아니니 괜찮지 않겠니?"

나 박사의 말에 용기를 내며 아이들은 한 걸음씩 앞으로 향했다. 그때 미끈거리는 바닥 때문에 세라가 기우뚱했다.

"조심! 특히 바닥을 조심해야 해. 이런 동굴은 물이 땅속으로 스미면서 고인 물이라서 더 미끄러지기 쉬워. 발을 디딜 때 더욱 조심하고, 앞을 보고 걸으렴."

나 박사가 세라의 손을 잡으며 말했다.

그런데 아까부터 찬혁이 귀에 이상한 소리가 들렸다. 철벅철벅 누군가 뒤따르는 것 같았다.

"쉿? 얘들아, 조용히 해 봐."

찬혁이가 손가락을 입에 대며 조용히 하라는 표시를 했다.

"무슨 소리 안 들려?"

"아니 못 들었는데."

"이상하다 분명히 소리가 났었는데, 내가 잘못 들었나?"

찬혁이가 고개를 갸웃거렸다.

아이들은 나 박사의 조언대로 미끄러지지 않게 한 걸음씩 천천히 발을 내디뎠다.

"햇볕은 정말 소중한 거구나."

"응, 그래도 박사님 덕분에 횃불도 만들고, 손전등도 가지고 있으니 얼마나 다행이야?"

문득 재민이는 4학년 과학 시간에 배운 게 생각났다. 그때 빛의 직진을 배웠었는데, 동굴 안에서 보니 플래시 불빛이 반듯하게 나가는 게 재미있는 과학 실험을 하는 듯했다.

"이런 것을 보고 빛의 직진이라고 하는 거야. 찬혁아, 기억나냐?"

"당연한 말씀. 빛의 직진 노트 필기 안 하다가 선생님께 엄청 혼났거든."

그때 나 박사가 말했다.

"여기서 문제. 빛이 직진한다면 또 다른 빛의 성질에는 뭐가 있을까, 아는 사람?"

"저 그거 알아요. 빛은 반사해요. 그러니까 거울 같은 것에 빛이 반사되어 우리가 얼굴을 볼 수 있는 거죠. 잠망경도 빛을 두 번 반사해 잠수함에서 볼 수 있게 만든 거고요. 또, 호수나 바다의 표면에 나무나 얼굴 등이 비치는 것도 빛이 반사해서 그러는 거예요."

과학에 자신 있는 세라가 대답했다.

"오, 설명이 완벽한데. 빛의 대표적 성질이 또 하나 있는데, 그것도 알까?"

"그럼요. 빛은 또 굴절해요. 빛이 공기 중에서 물에 들어갈 때 꺾여 들어가는 거죠. 그래서 빨대를 컵에 넣으면 반듯한 빨대가 꺾여 보이고, 계곡 같은 곳에 들어갔을 때 바닥이 생각보다 더 깊어 놀라게 되는 경우가 그래요."

"그렇지, 빙고!"

나 박사가 박수를 쳤다.

"세라야, 대단하다. 너 언제부터 이렇게 공부 잘했어?"

재민이가 깜짝 놀라 물었다.

"이 정도로 뭘. 이 정도에 놀라면 앞으로 한참 더 놀랄 일이 많을걸?"

세라가 웃었다.

그런데 찬혁이는 뒤에서 이상한 소리가 또다시 들리는 것 같았다. 발소리 같기도 하고 무엇이 바닥에 끌리는 소리 같기도 했다. 찬혁이는 뒤를 돌아보며 '쉿' 하고 한 손으로 자신의 입을 가렸다. 아이들은 순간 깜짝 놀라 찬혁이를 쳐다보았다.

"분명 소리가 들렸어. 이 동굴 안에 분명 무언가가 있는 것 같아. 아까부터 계속 무슨 소리가 작게나마 들려."

찬혁이의 눈빛이 흔들리고 있었다.

잠시 기다리자, 스르륵 스르륵 무언가 움직이는 소리가 들렸다. 모두 놀라 그 자리에 얼어붙었다. 나 박사는 아이들에게 엎드리라는 손짓을 하고는 소리가 나는 방향으로 몸을 돌렸다. 스르륵 스르륵 다시 소리가 났다. 어둠 속에서 무언가 움직이는 물체가 보였다. 나 박사는 주먹을 꽉 쥔 채 몸을 엎드려 그쪽으로 뛰어나갈 자세를 취했다.

"박사님, 저기에 있어요."

동진이가 금방 지나온 쪽을 가리켰다. 동굴 코너에서 어른거리는 불빛 너머로 흔들흔들 사람 모양의 그림자가 두 개 보였다. 나 박사는 손전등을 그곳으로 비추며 말했다.

"누구냐?"

아무런 대답이 없었다.

"누구냐? 빨리 나와라."

"……."

잠시 후 숨어있던 물체가 서서히 모습을 드러냈다. 카피몽 두 마리가 긴장한 듯 나 박사 일행을 바라보고 서 있었다. 아까 찬혁이와 나 박사가 치료해 준 카피몽과 또 다른 카피몽이었다.

"박사님 카피몽이에요. 카피몽!"

"아, 깜짝이야. 간 떨어질 뻔했네."

모두 놀란 가슴을 손으로 쓸어내렸다.

"뭐야? 언제부터 따라온 거지?"

"카피몽들아, 얼른 집으로 가. 여기는 위험한 곳이야."

찬혁이가 카피몽들에게 다가가 말했다. 카피몽들이 슬픈 표정을 지으며 싫다고 고개를 흔들었다. 카피몽 한 마리는 찬혁이의 팔을 잡고 매달렸다.

"이거 난처하게 됐구나. 카피몽들 집까지 우리가 다시 갈 수도 없고……."

"박사님 일단 여기까지 따라왔으니, 그냥 동굴 안에서는 데리고 다녀야 할까 봐요."

"그래, 지금 상황에선 어쩔 수 없구나. 일단은 데리고 다니다가 동굴 밖으로 나가면, 이놈들을 집으로 보낼지 계속 데리고 다닐지 그때 정하자꾸나."

나 박사가 대답했다.

"박사님, 여기 보세요."

앞서가던 동진이가 손짓하며 일행을 불렀다. 왼쪽과 오른쪽 갈림길 한가운데 푯말이 쓰여 있는데, 화살표와 함께 꽃 그림이 그려져 있었다.

"화살표는 알겠는데, 이건 꽃 그림 아니야?"

세라가 고개를 갸웃거렸다.

"맞아. 꽃 그림인데? 동굴 안에 꽃도 피나?"

"아니. 동굴에는 꽃이 안 피지. 동굴에는 빛이 들어오지 못하니까 꽃이 필 수 없어. 식물이 광합성 작용을 못 하니 당연히 꽃이 있을 수가 없지."

"그렇다면 동굴 속 이 꽃 그림은 무슨 뜻일까?"

재민이가 미간을 찌푸리며 고민했다.

"그건 차차 생각해 보고 일단 빨리 가 봐요."

성질 급한 찬혁이가 나 박사를 이끌었다. 화살표에 나온 대로 동굴 오른쪽으로 가자 이번엔 커다란 석순과 종유석이 보였다. 수십 개의 석순과 종유석이 바닥과 천장에서 자라고 있었다.

"와, 저게 뭐야? 멋있다. 박사님 저 뾰족뾰족한 것들은 뭐예요?"

"물이 석회암을 녹여 생긴 건데, 지하수에 석회암이 녹아서 물이 뚝뚝 떨어지며 천장에 고드름처럼 달린 게 종유석, 그 물이 떨어져 땅바닥에 쌓여 뾰족하게 올라온 게 석순, 종유석과 석순이 서로 만나 막대기처럼 된 걸 석주라고 한단다."

"말들이 너무 어렵다. 종유석, 석순, 석주 다 그게 그 말 같아요."

"음, 그러니까 죽순이 대나무 싹인 것처럼 석순은 돌에서 자라는 싹이라는 뜻이고, 석주는 여의봉처럼 종유석과 석순이 만나서 이어진 기다란 봉을 말해. 종유석은 그냥 아래로 떨어지는 돌이라 생각하렴."

나 박사가 덧붙여서 설명해 주었다. 찬혁이는 위에서 떨어지는 종유석과 석순이 만나 석주로 연결되어 만나는 모습이 재미있었다. 그러다 돌의 싹이란 이야기를 듣고 조금 전 푯말에 그려진 꽃잎이 생각났다.

"박사님, 동굴 속에서 피는 꽃이라면 이 석순을 이야기하는 게 아닐까요? 돌의 싹과 동굴의 꽃이 왠지 연관이 있는 것 같은데요?"

"오, 그렇구나. 동굴 속에서 피는 꽃 석순. 오, 그럴듯한데. 석순들 사이에 무엇이 숨겨져 있는지 빨리 찾아보자꾸나."

아이들은 횃불을 받아들고 이리저리 비추며 몸을 굽혀 석순 사이를 찾기 시작했다.

"저기 정확하게는 안 보이는데 뭔가가 있는 것 같아. 찬혁아! 횃불 좀 가지고 저기 좀 비춰 줘."

동진이가 말했다. 어둠 속 석순 틈에서 무엇인가가 희끄무레한 게 보였다.

"재민아, 여기 뾰족한 석순을 깨야겠어. 뾰족한 부분이 있어서 올라갈 수가 없어."

그곳으로 올라가려던 동진이가 말했다. 재민이는 동굴 바닥에 있는 돌을 가져와 석순을 깨뜨렸다. 뾰족한 석순 끝이 돌멩이에 의해 부서졌다. 깨진 곳을 밟고 겨우 올라가니 석순 틈에 가려 숨겨져 있던 나무판이 보였다.

"야! 내 손 좀 잡아 줘."

친구들의 손을 잡고 몸을 길게 늘여 나무판을 겨우겨우 잡았다. 동진이가 들어 올린 나무판에는 아래의 글이 쓰여 있었다.

> 우리 매직매스학파는 해적의 침입을 피하여 이곳에 우리의 연구물을 남겨 두었소. 포악하고 무식한 해적들이 마음대로 찾아갈 수 없게 동굴 속에 숨겨 두었지. 이 보물을 가져갈 자격이 있는 사람은 수학을 알고 사랑하는 사람들이오. 아름다운 수학이 무지한 인류를 어둠의 그늘

에서 해결해 주리라 우린 믿소. 지금부터 우리가 내는 수학 문제를 잘 맞히면 당신은 보물을 가질 자격이 있으며, 우리가 알아낸 놀라운 마법의 비밀도 알게 될 것이오. 부디 건투를 비오.

-매직매스학파-

"드디어 찾았어요, 박사님."

세라가 나 박사의 팔짱을 잡고 팔짝팔짝 뛰며 좋아했다.

"그런데 찬혁아, 어떻게 돌의 꽃을 보고 그런 생각이 떠올랐어?"

"세라야, 내가 좀 추리를 잘하잖아. 추리 소설을 많이 읽어서 이런 것 전문이거든."

찬혁이가 우쭐거리며 으스댔다.

"김 선생, 오랜만이오."

유물왕은 김 교수의 사무실 문을 열었다. 김 교수는 다리를 꼬고 컴퓨터 작업을 하던 중이었다.

"아! 네, 회장님."

유물왕이 오는 것을 보고 자세를 고쳐 앉으며 엉거주춤 일어섰다.

"아, 앉으시오. 김 교수."

"그나저나 웬일이십니까?"

"웬일은 무슨? 우리가 무슨 일이 있어야 만나는 사이오?"

"……."

"어떻게 연구는 잘되고 있소? 지금 하는 연구가 어느 지역이라고 했지?"

"그리스입니다."

"아, 그랬었지?"

"그리스 수학자 아르키메데스의 유물을 찾고 있죠."

"어떻게 위치는 정확히 찾았소?"

"아직 정확한 위치는 아니고, 조금씩 범위를 좁혀 가고 있습니다."

"아, 그렇군. 가족들은 잘 지내고 있나요?"

유물왕은 반말과 높임말을 섞어가며 김 교수에게 말했다.

"덕분에 잘 지내고 있습니다."

"지금 일하느라 가족들 못 본 지가 꽤 됐죠?"

"그렇죠. 날짜는 꽤 된 것 같습니다."

"김 교수가 안 계셔도 우리 직원들이 사모님이랑 따님이 생활하는 데 불편함이 없도록 노력하고 있어요. 계속 안전하게 보살펴 드리고 있으니 걱정하지 마시오. 내가 꼬박꼬박 챙기고 보고 받고 있소."

"…… 네, 감사합니다."

잠시 말을 잃은 김 교수는 순간적으로 입술을 꽉 깨물었다.

"감사는 무슨? 내가 당연히 해야 할 일을 하는 것뿐이지. 우리 김 선생이 이렇게 우리 일에 협조적인데 많이 도와드려야 할 것 아니오?"

"아……, 네."

"뭐 연구하는 데 불편한 것은 없소?"

"없습니다."

"혹시 불편한 게 있다면 언제라도 정 실장을 통해서 말하도록 하시오. 모르긴 몰라도 우리 정 실장만큼 김 선생을 생각하는 사람도 없을 거요."

"정 실장! 김 교수님 불편하시지 않게 잘 모시라고."

유물왕은 옆에 있던 정 실장에게 고개를 돌려 말했다.

"네, 회장님. 여부가 있겠습니까?"

정 실장이 고개를 숙였다.

"그럼 고생하시오. 난 이만 가 보겠소."

"네, 회장님, 그런데 나 박사는 어떻게 유물을 잘 찾고 있습니까?"

김 교수가 물었다.

"음, 그게 말이지 쉽지는 않은 것 같아요. 우리가 첨단 장비와 위성을 통해서도 못 찾았던 건데, 겨우 나침반과 지도로 마을과 유물을 찾기가 말처럼 쉽겠소?"

"마을은 발견했습니까?"

"나도 모르겠소. 처음에만 상황을 보고 받고 이후엔 바빠서 아직 보고 받지 못했지. 그럼 계속 고생하시오, 난 이만."

유물왕은 김 교수의 숲속 사무실 문을 열고 거만한 모습으로 밖으로 나갔다.

공부에 도움이 되는 수학·과학 톺아보기

★톺아보기란?
'샅샅이 더듬어 가면서 살피다.'
라는 순우리말입니다.

1. 보기의 현상은 빛의 어떤 성질과 관련된 것인지 쓰시오.

   > 자동차의 전조등, 영화관에서 스크린에 비추는 빛,
   > 어두울 때 비추는 손전등, 문틈으로 들어오는 햇빛

2. 물속에 젓가락을 넣어보면 약간 꺾인 것처럼 보인다. 또한, 계곡에서 놀다 물고기를 잡기 위해 손을 뻗으면 물고기들이 보이는 것과는 조금 다른 곳에 있어 잘 잡히지 않는다. 이는 빛이 물에 들어가면서 약간 꺾여 들어가기 때문인데, 이러한 빛의 성질을 무엇이라고 하는지 쓰시오.

3. 캄캄한 밤 찬혁이가 물 위에 손전등을 비추자 과학 시간에 배웠던 빛의 3가지 성질을 모두 알게 되었다. 플래시 불빛이 어떻게 되었을지 빛의 3가지 성질을 이용해 써 보시오.

4. 동굴에는 종유석, 석순, 석주를 볼 수 있다. 동굴 안에 있는 종유석, 석순, 석주의 그림을 간단히 그려 보시오.

면적의 마법

"이런, 이거 제대로 가려면 포복으로 들어가야겠는데……."
 겨우 몸을 숙이고 들어갈 수 있을 정도로 비좁은 통로가 보였다. 사람 하나 빠져나가기도 쉽지 않은 좁은 틈이었다. 자세를 낮추고 몸을 숙여 기다시피 하며 나갔다. 그러기를 약 10m, 겨우 틈을 빠져나와 몸을 일으키는데, 아뿔싸, 동굴이 막혀 있었다.
"앗, 길이 막혔어. 어떡해?"
 앞서가던 재민이가 친구들을 돌아보았다.
"정말 길이 막힌 거야?"

뒤따라온 찬혁이도 숨이 가쁜지 헉헉대며 말했다. 순간 잘 타오르던 횃불의 불꽃이 흔들리며 불꽃의 색깔이 변했다. 파란색에서 주황빛으로 바뀐 것이다.

"앗, 이상해. 불이 갑자기 약해졌어."

"산소가 부족한 것 같구나. 빨리 다시 돌아가야 해. 서둘러!"

막혔던 길을 돌아 부리나케 좁은 통로로 나 박사와 아이들은 다시 빠져나왔다.

"아, 이제 살 것 같아."

재민이는 막혔던 가슴이 확 뚫렸다.

"밀폐된 공간이라 산소가 부족해서 그랬을 거야. 우리도 산소가 필요하지만, 횃불이 탈 때도 산소가 필요하니까."

세라도 크게 숨을 들여마셨다.

"불이 타면서 산소를 쓴다고?"

"그럼. 산소는 불이 탈 때 꼭 필요해. 산소가 없다면 제아무리 큰불이라도 곧바로 꺼지고 말지. 양초에 불을 붙여 컵을 덮어두면 쉽게 알 수 있어. 물질이 타려면 산소와 타는 물질, 불이 붙는 높은 온도가 필요한데 셋 중에 하나만 없어도 불이 붙지 않아."

"산소가 점점 줄어든다니, 생각만 해도 끔찍하다."

"음, 정확히 말하면 산소는 공기의 약 21%를 차지하는데, 산소의 양이 16% 아래로 떨어지면 불이 꺼진대."

"그나저나 우리 이러다 길을 잃어버리지 않을까?"

길을 돌아가며 나 박사는 걱정이 되었다.

색깔도 없고 냄새도 없는데 어떻게 알 수 있죠?

❶ 산소

산소의 성질	① 색깔과 냄새가 없다. ② 불씨가 커지거나 불꽃이 일어나게 한다.
교과서 속 산소 발생 실험	
필요한 물질	묽은 과산화수소수, 이산화망가니즈
산소가 이용되는 예	응급 환자용 호흡 장치, 잠수부 압축 공기통, 금속 용접 및 자를 때 이용

❷ 이산화탄소

이산화탄소의 성질	① 색깔과 냄새가 없다. ② 불이 꺼진다. ③ 석회수를 뿌옇게 흐린다.
교과서 속 이산화탄소 발생 실험	
필요한 물질	탄산칼슘, 묽은 염산
이산화탄소가 이용되는 예	고체 이산화탄소인 드라이아이스, 탄산음료나 액체 소화제 속에 넣어 이용, 이산화탄소 소화기로 이용.

"걱정하지 마세요. 우리에겐 동진이가 있잖아요."

"맞아요. 동진이 별명이 인간 내비게이션이에요."

모두 고개를 돌려 동진이를 바라봤다.

"네, 걱정하지 마세요. 아까 마그넷 플레이스에서 헤맸던 건 한 번이면 충분해요. 동굴 속 길은 제 머릿속 회로에 확실히 입력되고 있죠. 다시 실수 안 하려고 계속 종이에 방향을 그리고 있어요."

동진이는 손에 들고 있는 종이를 나 박사에게 보여 주었다. 지금까지 지나왔던 길들이 그곳에 그려져 있었다. 방향은 물론이고 놀랍게도 발걸음을 이용해 거리까지 측정되어 있었다.

"이야, 대단한데. 이건 우리나라 지도의 위대한 선각자 김정호 선생님이 그린 대동여지도에 버금가는 수준이야. 이건 동굴 지도니까 동진님의 동굴여지도라고 하면 되겠다."

찬혁이가 말했다.

"하하, 동굴여지도 좋은데?"

동진이도 같이 웃었다.

"동진이는 나중에 지리학자가 되면 참 잘할 것 같구나. 지리나 방향 감각 또 공간 감각이 정말 좋아."

"근데 전 머리가 나빠서 다른 공부는 그렇게 잘하지 못해요."

"공부를 못한다고 머리가 나쁜 건 아니란다. 어떤 심리학자가 말했는데, 사람에겐 여러 지능이 있다고 해. 논리 수학 지능, 언어 지능, 신체 운동 지능, 음악 지능, 공간 지능, 자연 친화 지능, 대인 관계 지능, 자기 이해 지능 이렇게 말이지. 예전에는 그냥 학교에서 국·영·수 공부를 잘하는 사람이 머리가 좋다고 했지만, 지금은 절대 아니야. 각자의 재능이 모두 다르니 내가 무엇을 가장 좋아하고 자신 있어 하는지 그것을 찾는 것이 중요해."

"아……."

모두 고개를 끄덕였다.

"내가 보기엔 동진이는 공간 지능이 탁월하게 좋고, 세라와 재민이 논리 수학 지능이 좋은 것 같고……."

나 박사가 친구들을 각각 둘러보았다.

"우와, 그걸 딱 보면 아세요?"

"며칠 같이 생활하면서 지켜보면 딱 나오지. 차혁이는 동물들을 잘 돌보고 관찰하는 자연 친화 지능과 운동을 잘하는 편이니까 신체 운동 지능도 좋은 것 같구나."

"찬혁이는 먹는 지능도 좋아요. 식신 이찬혁이잖아요."

재민이가 웃으며 말했다.

"하하하, 그렇구나. 그런 면에서 공간 지능이 좋은 동진아! 우리가 어느 방향으로 가면 되겠니?"

"네, 아까 저희가 이쪽으로 와서 길이 막혔었거든요. 여기가 안 갔던 길이에요."

동진이가 동굴 속에서 방향을 잘 잡고 길을 제시했다.

"역시 동진이야. 어서 이쪽으로 가 보자."

나 박사 일행은 동굴 속 가 보지 않았던 곳으로 향했다.

"다들 조심해 바닥에 물기가 많아서 굉장히 미끄러워."

앞서가던 재민이가 뒤를 돌아보며 말했다. 재민이의 말대로 바닥에 물이 고여 있어 미끄러웠다. 철퍽철퍽 거리며 한참을 걷고 난 뒤 평평한 동굴 속 광장이 나타났다. 광장 한쪽에 나무 판이 있고 또다시 문제가 쓰여 있었다.

길처럼 생겼지만, 평소 보지 못한 모양이었다. 나 박사와 아이들은 골똘히 생각에 잠겼다.

'큰 사각형 안에서 작은 사각형이 여러 개 들어 있어. 그런데 가운데는 십자 모양의 길처럼 나 있고……'

세라가 그림을 보며 생각했다.

'가로와 세로의 길이를 알려주지 않고 흰색 넓이를 구하라고 했어. 알려준 조건은 검은색의 넓이 96뿐. 사각형의 넓이를 구하려면 가로와 세로의 길이를 알아야 하는데, 그것을 알려주지 않은 것은 알 필요가 없거나 알 수 있는 다른 방법이 있다는 말이지. 과연 이걸 어떻게 찾아야 할까? 아, 머리가 굳었나. 잘 모르겠어.'

나 박사는 고개를 흔들었다.

'첫 번째 사각형은 검은색 그다음은 육각형 모양의 흰색, 또 그다음은 육각형 모양의 검은색…… 작은 사각형을 육각형 안에 넣을 수 있지 않을까? 첫 번째 검은색 사각형을 잘라 넣는 거야. 혹시 선을 이렇게 긋는다면? 아하!'

재민이는 고개를 여러 번 끄덕였다.

"재민아, 좋은 생각이라도 났어?"

동진이가 말했다.

"응, 이걸 이렇게 잘라 보면 어떨까? 작은 사각형을 하나의 단위로 생각하는 거야. 이것을 그림처럼 한 개의 조각으로 잘라내 개수를 구하는 거지. 선을 이렇게 그어서……."

재민이가 바닥에 그림을 그리며 말했다.

"오, 그 아이디어 좋다. 그럼 칸의 전체 개수가 흰색은 25칸, 검은색은 24칸이네."

나 박사가 아이들의 창의력에 감탄했다.

"네, 그럼 이 검은색이 96이라고 했으니까 비례식으로 구하면 될 것 같아요."

"그렇지. 계산하면……."

"따라서 흰색의 넓이는 100이야."

"그리고 다른 방법으로도 생각할 수 있을 것 같아요. 흰색이 25칸, 검은색이 24칸이라면, 흰색은 검은색의 $\frac{25}{24}$배, 검은색은 흰색의 $\frac{24}{25}$배라고 생각할 수 있잖아요. 이걸 식으로 고치면 흰색=검은색×$\frac{25}{24}$, 검은색=흰색×$\frac{24}{25}$가 되는 거죠."

"조금 헷갈려, 재민아."

"숫자가 많아서 헷갈리는 거야. 조금 간단하게 대입해 보면 이해하기가 쉬울 것 같아. 예를 들자면, 나는 아이스크림을 2개 가지고 있고 동생은 아이스크림을 1개 가지고 있다면, 나는 동생보다 아이스크림을 2배($\frac{2}{1}$배) 더 가지고 있고 동생은 나의 $\frac{1}{2}$배 가지고 있는 거야. 이건 수학을 몰라도 그냥 머릿속으로 쉽게 생각할 수 있는 거잖아."

"응, 맞아."

찬혁이가 고개를 끄덕였다.

"그래서 이걸 수학적인 표현으로 써 보자면 나=동생의 $\frac{2}{1}$배, 동생=나의 $\frac{1}{2}$배가 있다는 거고, 식으로 고치면 나=동생×$\frac{2}{1}$가 되고, 동생=나×$\frac{1}{2}$이 되는 거야."

찬혁이는 수학 문제를 풀 때 특히 문장제 문제에서 숫자가 많거나 복잡하면 단순하게 바꿔 생각하면 훨씬 쉬워진다는 선생님의 말씀이 생각났다. 복잡해 보였던 설명이 단순해졌다.

"그럼 다시 원래 문제로 돌아가서 흰색은 25이고 검은색이 24라면, 검은색은 흰색의 $\frac{24}{25}$배, 흰색은 검은색의 $\frac{25}{24}$배가 되는 거지. 따라서 검은색=흰색×$\frac{검은색}{흰색}$, 흰색=검은색×$\frac{흰색}{검은색}$이라고 보면 되니까 쉽게 검증할 수 있을 것 같아."

재민이는 찬혁이가 알기 쉽게 설명해 주었다.

"아, 그럼 검은색은 96이고, 흰색은 □로 보고 식을 쓰면, 96=□×$\frac{24}{25}$이고, 양변에 25를 곱하면 96×25=□×24, 즉, □×24=2400. 양변을 24로 나눠주면 □=100이 된다. 역시 두 가지 모두 답이 되는구나."

아이들은 절로 고개가 끄덕여졌다.

문제를 풀고 기쁜 마음으로 앞으로 걸어갔다. 얼마나 걸었을까, 어디선가 졸졸졸 무언가 흐르는 소리가 들렸다.

"뭐야? 물이 흐르고 있어?"

아이들은 깜짝 놀랐다. 아니나 다를까 광장 아래쪽으로 다가가니 낭떠러지가 보이고 아래에는 물이 흐르고 있었다.
'지하수로 길이 완전히 끊겼구나.'
얼핏 봐도 한 7, 8m 이상 땅이 갈라져 있었다. 혹시나 다른 방법이 있을까 절벽 끝부분으로 갔지만, 아무것도 보이지 않았다. 세라가 낭떠러지 앞에 서서 돌을 들어 물속으로 던지니 퐁 하고 소리가 났다. 그 모습을 보며 흐르는 물을 찬찬히 살펴보던 찬혁이가 무언가를 향해 손짓했다. 낭떠러지 한참 아랫부분에 땅에 반쯤 박힌 나무판이 보였다. 그것을 보기 위해 찬혁이가 좀 더 가까이 가려고 발을 디디자 물기를 머금은 낭떠러지 끝부분이 금세 부서져 내렸다.
"너무 위험해. 도저히 내려갈 수도, 그렇다고 물을 건널 수도 없어. 저기에 분명 중요한 단서가 쓰여 있는 것 같은데……."
찬혁이가 고개를 저으며 말했다. 그때 옆에서 끼룩끼룩 소리가 들렸다. 찬혁이의 모습을 유심히 지켜보던 카피몽이 낸 소리였다. 카피몽은 나무판을 손으로 가리키며 들어 올리는 흉내를 냈다. 내려가서 가지고 오겠다는 신호 같았다.
"너희가 저기를?"
찬혁이가 미처 대답하기도 전에 카피몽들이 낭떠러지를 내려가기 시작했다. 손과 발을 이용해서 미끄러지듯 내려가더니 어느새 나무판 옆에 서 있었다. 순식간에 벌어진 일이었다.
"카피몽, 정말 잘했어. 그거 빼서 가지고 와."
신이 난 찬혁이가 큰 소리로 카피몽에게 소리쳤다. 카피몽이

웃음소리를 내며 잠시 끼룩거리더니 손을 이용해 땅을 팠다. 그리고는 나무판을 빼내어 팔로 그것을 안은 채 빠르게 가지고 올라왔다.

"정말 잘했어."

찬혁이가 좋아서 카피몽의 머리를 쓰다듬었다. 나무판엔 큼지막한 글과 그림이 그려진 문제가 있었다.

"사라진 한 칸? 무엇이 어떻게 됐다는 거야?"

"그림은 5×8=40, 오른쪽 그림은 13×3=39. 앗, 진짜네. 그림은 똑같은데 전체 크기는 달라졌어."

"어디 봐."

"아, 이거 진짜 신기하네. 도대체 사각형 한 칸이 어디로 사라졌지?"

보면 볼수록 신기한 그림이었다.

"그림을 좀 더 자세히 살펴봐야겠어."

재민이는 유심히 그림을 살펴보고 이 생각 저 생각을 해 보았다. 하지만 아무리 봐도 낱개의 모양은 달라진 게 없었다. 하지만 전체 크기에서는 네모 한 칸의 크기가 분명 차이가 났다. 아무리 봐도 이해가 되지 않았다.

"부분의 크기는 똑같고, 전체의 크기는 달라질 수가 있을까요, 삼촌?"

재민이가 나 박사에게 물었다.

"그러게 그럴 수도 있나? 그건 생각해 보질 않았는데……."

나 박사도 전혀 감을 잡을 수가 없었다.

'정말 머리가 딱딱하게 굳어 버린 게 틀림없어. 창의적인 생각이 아무것도 나지 않아.'

나 박사는 머리를 쥐어뜯고 싶었다.

"그런데 박사님, 자세히 보시면 이게 완전히 반듯하지 않을 수도 있겠어요. 삼각형의 긴 변의 가로, 세로 칸의 수 비율과 사다리꼴 비스듬한 변의 가로, 세로 칸의 수 비율이 다른데 보기에는 일직선으로 되어 있어요."

말없이 조용히 그림을 살펴보던 세라가 박사에게 말했다

"응? 무슨 말이지?"

"이쪽 큰 삼각형의 가로가 3칸 세로가 5칸인데 여기 사다리꼴 비스듬한 쪽의 가로는 2칸 세로는 3칸이에요. 그럼 반듯할 수가 없는 거잖아요."

세라가 그림을 손으로 가리켰다. 깜짝 놀란 나 박사도 같이 칸을 세며 그림을 살펴봤다. 그리고는 깜짝 놀랐다.

"그렇구나. 삼각형은 가로:세로가 3:5. 즉, 비의 값을 구하면 $\frac{3}{5}$(0.6)이 되고, 사다리꼴은 가로:세로가 2:3, 비의 값이 $\frac{2}{3}$(약 0.66)가 돼 버려. 두 비의 값이 달라 절대 한 개의 선이 될 수가 없어."

"그럼 왜 이게 일직선으로 되어 있는 거죠?"

찬혁이가 고개를 갸웃거렸다.

"그러니까 일직선이 아니라는 거야. 한 선이 아니라 미세하게 겹쳐져 있다는 거지. 일직선으로 착각하기 때문에 문제가 어려워진 거고."

세라가 말했다.

"확대해서 그림을 그리자면……."

"실제로는 이렇게 되는 거야. 그러니까 애초부터 첫 번째 그림에서 가운데가 비어 있었다는 말이지."

세라의 깜짝 풀이는 놀라웠다.

나 박사는 갑자기 자신이 한심해졌다. 아이들보다 아는 것은 많았지만, 늘 문제 해결에 대한 실마리는 아이들이 제시했다. 조금 전 문제도 그랬고, 박사인 자신보다 훨씬 창의적인 생각으로 문제를 풀어내는 게 놀라웠다.

'역시 아이들은 대단해. 나 같은 어른보다 훨씬 더 똑똑하고 잠재력이 풍부하군. 함께 힘을 합하면 무엇이든 잘해낼 수 있겠어. 이 아이들이 사는 세상이 밝고 아름다운 세상이 되어야 할 텐데.'

기울기를 통해 비와 비율에 대해 알아볼까요?

❶ 비로 나타내기(나무 조각 속 삼각형의 가로와 세로의 비=3:5)

비교하는 양:기준량	비를 읽는 방법
3:5	① 3 대 5　　　　② 3과 5의 비 ③ 3의 5에 대한 비　④ 5에 대한 3의 비

❷ 주어진 비에 따라 비율(비의 값) 구하기

비율(비의 값)=비교하는 양÷기준량=$\dfrac{비교하는 양}{기준량}$

예시 3:5의 비율(비의 값)=$\dfrac{3}{5}$=0.6

※백분율(%)-비율에 100을 곱한 값

나 박사는 아이들의 문제 해결 능력에 진심으로 감탄했다.

"빨리 그곳으로 가 보자."

나 박사와 아이들은 동굴 속 직사각형 모양의 광장 중앙으로 갔다. 하지만 그곳에는 아무것도 없었다. 평평한 흙바닥만 있을 뿐이었다.

'당연히 땅속에 숨겨져 있겠지.'

흙을 파내자 모두의 생각대로 땅속에서 기다란 봉 2개와 작은 봉 10개가 나왔다. 나사가 달린 사다리 부품이었다. 그걸 조립하니 절벽 위를 건널 수 있는 훌륭한 사다리가 완성되었다. 조금 무서웠지만, 조심조심 반대편 절벽으로 기어서 모두 건넜다. 이번에도 카피몽들이 손과 발을 이용해서 기어가는 시법을 보여 주어 그걸 보고 따라 해서 성공할 수 있었다.

"회장님, 나 박사를 끌어들인 건 정말 잘한 것 같습니다."
정 실장이 기뻐하며 말했다.
"맞다, 정 실장."
유물왕이 고개를 끄덕였다.
"또, 나 박사를 유인하기 위해 조카와 친구들을 이용한 것도 아주 좋았고요."
"그렇습니다, 실장님. 가짜 신문 광고를 만들어서 재민이의 집에 넣은 게 굉장히 좋은 작전이었던 것 같습니다."
"그렇지 감쪽같이 속였어. 그걸 누가 구상했었던 거지?"
"박 비서가 생각했던 겁니다, 회장님."
"그래 아주 좋은 아이디어였어, 박 비서."
"감사합니다, 회장님. 제가 재민이의 집 밖에서 며칠 동안 대기하며 그들의 생활 습관과 동선을 파악했었습니다."
"니가 이번에 고생이 많았구나."
"자칫 잘못하면 나 박사가 대회에 참가하지 않을 뻔했습니다. 워낙 귀찮은 걸 싫어하는 사람이라……. 아무튼 그때 재민이와 엄마가 나 박사를 잘 설득해, 우리 계획이 이렇게 성공적으로 수행되고 있는 것 같습니다. 일이 끝나면 재민이 엄마에게 상이라도 줘야 할 것 같습니다. 하하하."
"이번 보물을 손에 넣으면 아주 짜릿하겠어. 역시 사람은 머리가 좋아야 해. 다른 사람을 이용해 내가 원하는 걸 얻는 이

쾌감, 내가 이런 스릴을 즐기기 위해서 유물들을 모으지."

"나중에 이 사실을 알게 되면 나 박사는 분해서 잠을 못 이룰 것 같습니다."

"흐흐흐, 그렇겠지. 자기가 이용당한 것을 알면 나라도 가만 안 있을 것 같은데, 음하하하."

커다란 웃음소리가 사무실 안을 가득 채웠다.

공부에 도움이 되는 수학·과학 톺아보기

★톺아보기란?
'샅샅이 더듬어 가면서 살피다.'
라는 순우리말입니다.

1. 다음 대화를 보고 알 수 있는 산소의 성질을 3가지 써 보시오.

   > 재민: 산소가 없어서 그런 건가 봐. 동굴에서 불꽃이 약해지고 있어.
   > 찬혁: 산소가 공기 중에 있는지 어떻게 알아? 눈으로 확인할 수도 없잖아.

2. 이산화탄소의 성질을 3가지 이상 쓰시오.

3. 산소와 이산화탄소를 만들 수 있는 실험 장치를 꾸며서 실험을 하려고 한다. 산소와 이산화탄소를 만드는 데 꼭 필요한 물질을 2가지씩 쓰시오.
   (물, 집기병, 깔때기 등 단순 실험 도구는 제외)

4. 길이가 90cm인 변의 길이를 80%로 축소하면 얼마인지 구하시오.

5. 세라는 점심까지 1,050kcal를 섭취하였다. 이것은 자신의 하루 권장량의 $\frac{1}{2}$을 섭취한 것이다. 세라의 하루 권장량은 얼마인지 구하시오.

Tip

1. 비교하는 양 구하기 : 비교하는 양=기준량×비율
2. 기준량 구하기 : 기준량=비교하는 양÷비율
3. 기준량 쉽게 찾는 방법 : 문제 속에서 '원래 길이, 정가, 저금, 전체, 기준 등을 의미하는 것'이 일반적으로 기준량이다.

매직매스학파의 숨겨진 보물

물을 건너 한참을 들어가다 보니 커다란 상자 하나가 길 한가운데 박혀 있었다.

"어이쿠, 이거 꿈쩍도 안 해요. 철로 만들어져 무게가 꽤 나가는 것 같아요."

"그렇지? 엄청 무겁게 생겼다."

나 박사가 손으로 상자를 툭툭 치며 만져 보았다. 투박하지만 안에서 울리는 소리가 났다.

"박사님, 여기 보세요."

찬혁이가 앞에 있는 푯말을 가리킨다.

당신들은 머리털 나고 처음 보는 물건이겠지만, 이것은 전기회로라 하오. 내가 심혈을 기울여 연구한 거지. 앞으로 사람들이 이것을 어떻게 사용할지는 모르겠지만, 나는 마법처럼 빠르게 움직이는 전류를 찾아냈소. 이 상자는 전류가 흐르도록 설계된 것인데 버튼을 제대로 눌러야 작동하게 되오. 지금부터 전류가 바르게 흐르도록 버튼을 누르시오. 만약 상자 안의 회로를 보기 위해 문을 강제로 뜯어내면 영원히 보물은 찾지 못할 거요. 그나저나 당신들 머리로 내가 하는 말이 무슨 말인지는 아시겠소?

|힌트| 전류의 흐름을 이용한다. ?는 조금 전 바로 그 수

-매직매스학파-

전자석 위에는 큰 글씨로 12345678=?라고 쓰여 있었다.
"오, 전류를 발견하기 훨씬 전에 이곳 사람들이 먼저 전기회로를 만들어 냈어. 이건 정말 놀라운 일인걸."
나 박사가 흥분해서 소리쳤다.
각 숫자 사이에는 위아래로 모양이 다른 버튼이 있었다. 위쪽 버튼은 살짝 나와 있고 아래 버튼은 움푹 파여 있었다.
"12345678=?"
"?에 들어가는 조금 전 바로 그 수는 100인 거겠지. 저쪽에서 풀고 왔던 거."
"응, 아까 답을 꼭 기억해서 다음 코스로 가라고 했잖아."

"오케이, 그렇다면 ?에 들어갈 숫자는 100이고."

어렵게 푼 문제의 답을 사용하게 돼 모두 기분이 좋았다.

"그러니까 12345678=100과 같다는 말인데……."

"응, 숫자 사이에 동그란 버튼이 2개씩 있는 12345678."

재민이와 찬혁이가 말을 주고받으며 생각을 끌어냈다.

"힌트가 전류의 흐름을 생각하라고 했어. 전류의 흐름이 뭐지?"

동진이가 물었다.

"전류가 흐르는 방향을 말하는데 전류는 +극에서 나와서 -극으로 들어가. 전기회로를 그리면 이렇게 되지."

세라가 회로도를 정확히 그리며 말했다.

'전류의 흐름을 이용하면서 1234578이 100이 되게 하는 방

법이라……. +극을 기호로 쓰면 +고, -극을 기호로 쓰면 -인데, 볼록 나온 버튼과 움푹 들어간 버튼이라면…….'

동진이의 머릿속에 순간 한 생각이 스쳤다.

"혹시 버튼이 +와 -를 상징하는 건 아닐까? 건전지에서도 볼록 나온 부분이 +극이고, 들어간 부분이 -극이잖아."

동진이 말이 제법 일리가 있어 보였다.

"응, 그럴듯해 동진아."

아이들 모두 고개를 끄덕거렸다.

"그래서 만약 버튼을 +, -로 본다면 +와 -를 12345678 사이에 100이 되도록 넣는 게 아닐까?"

"무슨 말이야?"

"그러니까 +와 -를 1~8 사이에 넣어서 답이 100이 될 수 있는지 찾아보자는 거야. 그러니까 두 종류의 버튼의 생김새를 건전지의 +극과 −극으로 연관 지어, 그것을 더하기 빼기와 연결해 보자는 거지. 그냥 지금 막 떠오른 내 생각이야."

수학과 과학에 평소 자신 없던 동진이가 조금 소심하게 의견을 말했다.

"오~."

아이들은 함성과 함께 박수가 절로 나왔다.

"동진이 창의력 대박이야."

"그럼 빨리 1~8 사이에 +와 −를 넣어 보자."

아이들 모두 계산하기 시작했다.

"123−45+6−8=76. 아, 아니네. 1+2+3+4+5+6+7+8=36. 이것도 아니고."

세라는 암산을 배워 셈이 빨랐다.

"무작정 풀면 끝이 없을 것 같고 조금 논리적으로 생각해 보자. 힌트를 보니까 전류의 흐름을 생각하라고 했잖아. 전류는 +에서 나와서 −로 들어가니까, 일단 +, − 순서가 될 거야. ++++, −−−− 이런 식이거나, +−−+ −++−, ++−−처럼 뒤죽박죽 연결될 수는 없을 것 같아."

재민이가 논리적으로 자기 생각을 말했다.

"또, −−+, +−+처럼 +와 − 중 어느 하나가 더 많아서는 안 되고, 짝이 꼭 맞아야겠지."

세라도 말했다.

"아! 그렇구나. +−+−+−+−처럼 +와 −가 차례차례 연결된다는 거지?"

찬혁이가 대답했다.

"응, 또 +와 −를 한 번만 쓴다고 보면 정답 숫자가 너무 커지거나 작아질 것 같아. 예를 들어, 12+3456−78=3390 이렇게 나오는데, 이렇게 해서 100으로 만들기는 조금 어렵겠지. 답이 너무 크거나 음수가 나오기 쉬워."

"그럼 경우의 수가 많이 줄어드네. +와 −가 순서대로 연결되면서 한 번보다 큰 경우라면 두 번 정도 아닐까? 세 번은 너무 많을 것 같고, +−+−가 가장 가능성이 높을 것 같은데. 이것부터 먼저 대입해서 계산해 보자."

재민이가 말했다. 조용히 듣고 있던 나 박사도 고개를 크게 끄덕였다.

"아주 좋은 생각 같구나. 지금부터 +−+− 순서대로 숫자 사이에 넣어 보는 거야."

"네."

여기저기서 계산하느라 모두 정신이 없었다.

'123+4−56+7−8=70, 123+4−5+6−78=50, 잘하면 찾을 것 같은데 쉽지 않네.'

찬혁이가 이리저리 숫자를 바꿔 보며 생각했다.

한쪽에서 한 손으로 얼굴을 감싸고, 다른 손가락을 허벅지에서 꼼지락거리며 암산하는 세라가 보였다.

'어라? 12+34−5+67−8, 왠지 100이 나온 것 같다.'

세라는 속으로 한 번 더 찬찬히 계산해 보았다. 그리고 다시 확인했다.

'12+34-5+67-8=100'

"와!"

세라가 함성을 질렀다.

"박사님, 찾은 것 같아요. 여기 보세요. 12+34-5+67-8=100, 맞죠? 이러면 100이 돼요."

"정말? 다시 한 번 불러 봐."

"십이 더하기 삼십사 빼기 오 더하기 육십칠 빼기 팔은 백."

세라가 또박또박 불러 주었다.

"이야, 진짜 그렇구나. 세라야, 정말 대단해."

"동진이가 힌트를 찾고, 재민이가 말한 대로 범위를 좁혀 가며 계산해 나갔더니 감이 잡혔어요. 동진이와 재민이 덕분인 것 같아요."

세라가 동진이와 재민이를 치켜세웠다.

"아냐, 무슨. 세라 네가 해낸 거지. 대단해, 세라야!"

동진이가 세라를 다시 칭찬했다.

"세라야! 니가 찾았으니까 빨리 위에 있는 버튼을 눌러 봐."

"내가 해도 될까?"

세라는 들뜬 마음으로 12와 34 사이에 +버튼, 34와 5 사이에 -버튼, 5와 67 사이에 +버튼, 67과 8 사이에 -버튼을 눌렀다. 그러자 잠시 치지직 불꽃이 튀더니 뚜껑의 한쪽이 치익 하며 열렸다. 전류가 흐르면서 전자석 성질을 띠어 뚜껑과 반대편이 서로 같은 극끼리 부딪쳐 쉽게 열리게 된 것이다. 어둠

속 상자 안이 무척이나 궁금했던 나 박사 일행은, 황급히 횃불을 들어 안을 확인했다. 무언가 놓여 있었다.

이것까지 열다니 일단 박수를 쳐 주고 싶소. 지금까지 캄캄한 동굴에서 길을 찾느라 고생했으니, 이제 내가 지도와 열쇠를 줄 것이오. 그럼 마지막 관문에서······.
-매직매스학파-

안쪽엔 지도와 열쇠가 들어 있었다. 미로처럼 얽힌 동굴 속 모습이 담긴 지도와 다음 목적지가 표시되어 있었다.
"아, 뭐야? 이게 끝이 아니었어?"
"난 여기에 보물이 있는 줄 알았더니, 계속해서 끝없이 우리를 테스트하는 것 같아."
"진작 지도를 좀 줄 것이지. 이걸 지금 알려 주냐?"
찬혁, 세라, 동진이가 불평을 늘어놓았다.
"그래도 학파가 낸 어려운 문제를 우리의 생각을 모아서 해결했잖아. 이제 마지막 관문이라고 하는데, 한 번 더 가서 시원하게 풀어 보자."
재민이가 리더답게 의젓하게 말했다.
마지막 관문으로 가는 동굴 안 길은 굉장히 복잡했다.
'지도가 없었으면 여기서 제대로 헤맬 뻔했구나.'
나 박사 일행은 지도에서 안내하는 대로 최종 장소로 찾아갔다. 카피몽도 이들을 열심히 뒤따랐다.

찌릿찌릿, 전기 너란 놈

전기회로란?
여러 가지 전기 부품을 서로 연결하여 전기가 흐를 수(전류) 있게 만든 것.

❶ 전지의 직렬연결: 서로 다른 극끼리 연결

　① 전지의 개수가 늘어날수록 더 밝아짐
　② 전지가 빨리 소모
　③ 전지 1개를 빼면 꺼짐
　④ 한 길로 연결됨

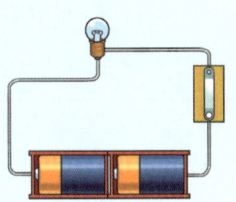

◆ 전구의 직렬연결: 전선 1개에 전구 두 개 이상을 이어서 연결한 것(전구의 병렬연결보다 더 어두움)

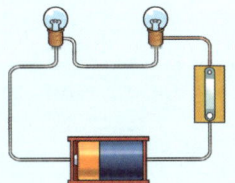

❷ 전지의 병렬연결: 서로 같은 극끼리 연결

　① 밝기는 1개와 같음
　② 전지를 오래 씀
　③ 전지 1개를 빼도 안 꺼짐
　④ 여러 길로 연결됨

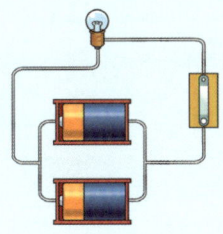

◆ 전구의 병렬연결: 전선을 여러 개로 나누어 각각의 전선에 전구를 한 개씩 연결한 것(전구의 직렬연결보다 더 밝음)

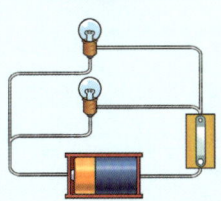

"서류상으로는 자산 규모가 5,000억으로 되어 있는데, 회사 운영과 관련된 자료는 아무것도 없어."

"오직 유물왕 개인 비자금 조성과 자금 세탁 등 이런 것만 관리해 온 회사 같아."

서류를 검토하던 형사들이 말했다.

"국장님, 여기 중앙 컴퓨터에 암호가 걸려 있는데, 암호 해독 프로그램으로도 열리지 않습니다. 이게 가장 중요한 컴퓨터 같은데 삼중 잠금장치가 걸려 있어서 보안이 뚫리지 않습니다."

"그럼 같이 잡혀 온 놈들에게 물어봐야지?"

"네, 그렇지 않아도 같이 잡혀 온 두 남자에게 물었으나 자신들은 이 컴퓨터를 다룰 수 있는 위치에 있지 않다고 발뺌만 하고 있습니다. 계속 변호사만 불러달라고 요구하는 중입니다."

"뭐야?"

캅 국장이 버럭 소리쳤다.

그때였다. 재민이 엄마가 자리에서 일어섰다.

"괜찮다면 제가 한 번 봐도 될까요?"

재민이 엄마는 컴퓨터 보안 업체에 다니는 알아주는 보안 프로그램 전문가였다. 그녀는 주로 해커들의 공격에 대해 방어하고 백신 프로그램을 만드는 일을 하였다.

"컴퓨터를 잘 다루시나요?"

캅 국장이 물었다.

"한국에서 했던 일과 정반대되는 일인데, 하는 방법은 비슷하겠는데요?"

재민이 엄마가 컴퓨터 앞에 앉아 이름 모를 기호와 숫자를 입력하며 빠른 속도로 프로그래밍 해독을 했다. 모니터 색깔이 순식간에 이리저리 바뀌며 어지러운 그래프와 표가 반복되어 나타났다. 숫자와 영문이 섞인 긴 글귀가 십여 장씩 화면상에서 순식간에 위로 올라갔다.

"별거 아닌데요. 암호를 다 풀었습니다."

재민이 엄마가 쉽게 암호를 풀어내자, 형사들이 깜짝 놀란 눈으로 재민이 엄마를 쳐다보았다.

"바로 이거야."

암호가 풀린 컴퓨터 자료를 검토하던 김 경감이 주먹을 움켜쥐었다.

"드디어 찾았습니다. 이것만 있으면 돼요."

김 경감 주위로 인터폴 형사들이 몰려들었다. 김 경감이 보고 있는 자료에는 유물왕의 유물과 그것을 팔아넘긴 곳, 그리고 판매 금액까지 모두 정리되어 있었다. 말하자면 유물 거래 장부였다.

"자, 이제 빨리 말씀하시지? 이렇게 증거가 나왔는데도 발뺌할 텐가?"

캅 국장은 잡혀 온 사람들에게 프린트된 거래 장부를 흔들며 소리쳤다.

"우리는 아는 게 없습니다."

"그래? 그럼 유물왕이 어디에 있는지만 말해. 안 그러면 너희들이 모든 죄를 뒤집어쓰고 감옥에서 평생 썩을 수 있다고."

"저희도 자세한 건 잘 모릅니다."

"국장님, 그놈들에게 안 들어도 되겠는 걸요. 여기 뫼비우스의 숲에 대한 자료도 찾았습니다."

다른 컴퓨터를 검토하던 김 경감이 말했다. 그곳엔 아직 손에 넣지 못한 유물의 위치와 자세한 설명이 쓰여 있었다.

"와, 이거 머리가 나쁘면 나쁜 짓도 못 하겠네. 누가 이렇게까지 조사하고 연구해서 도둑질할까 생각이나 했겠어요?"

캅 국장이 김 경감 옆으로 와서 모니터를 바라보며 말했다.

"그러게 말입니다. 이 노력으로 사회에 도움이 되는 일을 하면 좋을 텐데 말이죠."

"지금 남태평양 섬으로 가면 유물왕을 잡을 수 있을 것 같습니다. 숲속 보물찾기 대회의 좌표가 상세히 나와 있네요."

김 경감이 모두가 듣게 큰 소리로 외쳤다. 그것을 옆에서 듣고 있던 머니슨 컴퍼니 직원 두 명은 얼굴이 하얗게 질렸다.

'저놈들 얼굴색이 변한 걸 보니, 이거 거짓 없는 진짜 정보인가 보군.'

역시 매사에 치밀한 김 경감이었다.

잠시 후 수십 명의 군 병력과 형사들을 태운 인터폴 소속 아파치 헬기 두 대가 하늘을 향해 빠르게 날아올랐다.

최종 관문 앞에 모두 섰다. 그곳에는 0부터 10까지 적혀 있는 숫자판이 동굴 벽에 붙어 있고, 숫자마다 줄이 한 가닥씩 내려와 있었다.

내가 제일 좋아하는 숫자를 찾아 그 줄을 당기시오.

힌트 아무리 곱해도 더하면 다시 똑같은 수로 돌아오는 수. 만약 줄을 잘못 당기면 동굴의 벽이 무너져 내릴 것이다.

-매직매스학파-

문제 옆에는 힌트 상자가 놓여 있었다. 열쇠를 넣어 돌리니 상자가 열렸다.

"아무리 곱해도 더하면 다시 똑같은 수로 돌아오는 수? 이게 도대체 무슨 말이냐?"

"지가 어떤 수를 좋아하는지 우리가 알게 뭐야?"

"정말 어이가 없는 문제군."

"내가 제일 좋아하는 수는 알기는 알까?"

아이들은 질세라 한마디씩 돌아가며 말했다. 옆에 있는 카피몽도 아이들과 같은 자세로 서서 투덜대는 흉내를 냈다.

'이 녀석들 불평할 틈만 나면 꼭 한마디씩 하는구나. 바다에 빠지면 입만 동동 뜨겠어.'

심각한 상황이었지만 보고 있던 나 박사는 그 상황이 웃겼다.

'아무리 곱해도 더하면 다시 똑같은 수로 돌아오는 수?'

나 박사와 아이들은 생각에 잠겼다.

'아무리 곱해도? 일단 곱하라는 건데, 이것을 더하면 다시 똑같은 수로 돌아온다.'

적당한 생각이 떠오르지 않았다.

"박사님, 1을 곱하면 계속 1인데, 똑같은 수로 돌아오는 거 아니에요?"

"아, 맞다. 1은 아무리 곱해도 1이니까."

"그럼 답이 1?"

"그런데 1은 더하면 숫자가 커져 버리잖아. 1이 2가 되고, 또 3이 되고, 4가 되잖아."

"2는 어떠냐? 2×2는 4, 2×3은 6······."

"······."

"아, 모르겠다."

모두 뾰족한 생각이 떠오르지 않았다.

'도대체 이게 무슨 뜻일까? 아무리 곱해도 더하면 다시 그 수로 돌아오는 것. 곱한 후에 다시 더하라는 거고, 그랬을 때 자기 자신으로 돌아오는 수. 곱했을 때는 당연히 숫자가 커질 텐데 다시 더해서 숫자가 작아진다고 하면 음수를 더하거나······.'

재민이는 천천히 생각을 정리했다.

'아, 맞다. 3×7은 21인데, 2+1=3. 오, 그렇지 다시 3이 됐어. 곱하고 나온 값을 자릿수끼리 더하면 어떻게 되지?'

'3×6은 18인데 1+8은 9. 아니구나, 3은 되는 것도 있고 안 되는 것도 있어서 아닌 것 같아. 하지만 곱한 후에 다시 자릿수끼리 더해 보면 좋을 것 같군.'

재민이는 차분하게 생각을 정리하여 아이들에게 말했다.

"얘들아, 지금부터 구구단을 외우면서 나온 답의 십의 자리와 일의 자리를 더해 봐. 만약 6×7을 하면 42가 나오는데, 4+2하면 다시 6이 되잖아. 이런 것처럼 늘 똑같은 수가 나오는지 확인하는 거야."

"와, 괜찮은 생각인데."

"아직 정확한 건 아닌데 일단 다들 확인해 봐."

모두 중얼중얼하면서 구구단을 외우기 시작했다. 고개를 갸우뚱거리며 암산으로 계속 계산했다.

"2는 아닌 것 같아. 3도 안 돼."

찬혁이가 소리쳤다. 그때 한쪽에서 동진이의 큰 목소리가 들렸다.

"얘들아 찾았어. 9 같아 9! 9단을 한번 해 봐."

"자, 이것 봐. 9×1은 9 그럼 당연히 9, 9×2는 18, 1+8은 9, 9×3은 27, 2+7은 9, 9×4는 36······."

"와, 이거 완전 신기하다."

찬혁이가 흥분해서 팔짝팔짝 뛰며 크게 소리쳤다.

"얼른 나머지 것도 계산해 보자."

"9×6은 54, 5+4는 9, 9×7은 63, 6+3은 9, 9×8은 72, 7+2는 9, 9×9는 81, 8+1은 9. 진짜 9는 곱한 후에 자릿수끼리 더하면 다시 9가 되네."

모두 환호성을 질렀다.

"구구단 말고 10, 11, 12. 이렇게 큰 수를 곱해도 그렇게 될까? 9×24는 216, 2+1+6은 9. 우와, 아직도 계속 9가 나와. 9×259는 2331, 2+3+3+1은 9. 진짜 9가 계속 나오는구나."

모두 너무 신기했다.

"어. 9×495는 4455. 어, 이건 18이 나오는데?"

세라가 고개를 갸웃거렸다.

"그럼 또 더하면 되지. 1+8은 다시 9가 되잖아. 더하면 다시 똑같은 수로 돌아가 버린다고 했으니 계속 더해도 될 것 같아."

"와, 이거 진짜 대박이다. 숫자가 아무리 커져도 나온 답의 자릿수끼리 더하면 마지막엔 무조건 9가 나오는구나."

아이들은 기쁨의 하이파이브를 했다.

"삼촌, 드디어 우리가 해낸 것 같아요. 답은 9였어요. 아무리 곱해도 다시 더하면 원래대로 돌아오는 수 정답은 다 같이!"

"9!"

동굴 안이 쩌렁쩌렁 울리도록 모두 큰 소리로 소리쳤다.

"그래 우리가 해냈구나. 다들 정말 수고 많았다. 너희들의 역할이 정말 컸어."

나 박사도 기쁨의 환희를 감출 수 없었다.

"자, 이제 9번 줄을 당기면 되는 거지? 우리 다같이 잡아당겨요."

나 박사와 아이들은 들뜬 마음으로 줄을 잡았다. 떨리는 손으로 함께 9번 줄을 잡아당겼다.

'철커덩.'

동굴 벽에 숨겨져 있던 문이 열리고 무언가가 환한 빛을 내며 모습을 드러냈다. 겉은 낡고 허름했지만, 매직매스학파의 위대한 연구 결과가 기록된 매직매스학파의 마법 수학책! 그 책이 지금 나 박사와 아이들 앞에서 찬란하게 빛나고 있었다.

당신들의 노력에 경의를 표하며, 우리가 연구한 여러 가지 마법 수학들을 잘 연구해 주길 바라오. 수학의 세계는 놀랍다 못해 정말 오묘하지. 우리가 찾은 마법 수학이 인류의 발전에 기여하리라 믿소. 사실 우리는 정말 놀라운 것을 알아냈소. 우리가 찾았던 마법의 세상이 존재한다는 것. 심지어 어떤 마법사는 직접 우리를 만나기 위해 이곳으로 오기도 하였지. 당신들도 이제 곧 그들을 만날 수 있을 거요.

-매직매스학파-

매직매스학파의 쪽지와 함께 마법사 그림이 그려져 있는 카드가 책 위에 남겨 있었다.
"우와, 만세!"
나 박사와 아이들은 누가 먼저랄 것도 없이 모두 환호성을 질렀다. 서로 부둥켜안고 폴짝폴짝 뛰며 희열을 만끽했다. 카피몽도 자신들을 키웠던 주인 유품에 대해 알았는지 함께 빙글빙글 돌며 기뻐했다.
"근데 저 마법사 이야기는 뭘까?"
정신이 든 재민이가 아이들에게 물었다.
"그냥 저 때 유명했던 마법사가 있었나 보지. 이 사람들도 매직매스라고 하며 자신들도 마법을 했었으니까."
"응. 사람들이 조그만 마술에도 놀라는 때였잖아."
찬혁이와 동진이가 대수롭지 않은 듯 말했다. 모두 그런 눈치였다. 하지만 이 말처럼 아이들에게 상상할 수조차 없는 일이 몇 달 후에 벌어지게 되리라는 걸 누구도 알지 못했다.
'그런가?'
재민이도 고개를 들었다. 하늘을 보니 동굴 위에서 비추는 한 줌 햇살이 동굴을 빠져나가는 길을 안내하고 있었다.

"회장님 드디어 문제를 해결했습니다. 이제 보물이 우리 손으로 들어오는 것은 시간문제인 것 같습니다."
이어폰을 끼고 주의 깊게 상황을 듣고 있던 유물왕과 정 실장은 박수를 치며 말했다.

"음 하하하, 그래 아주 좋아. 성공이라고!"

"이제 어떻게 할까요? 우리가 지금 나서지 않아도 될까요? 보물을 지금 바로 가서 빼앗아 올까요?"

"아니야, 그럴 필요 없어. 굳이 우리가 고생스럽게 갈 필요가 있나, 여기로 올 때까지 편하게 기다리면 돼. 그때 우린 살짝 가지고 오기만 하면 되는 거야."

"알겠습니다, 회장님."

"마법 수학책을 빼앗은 후 어떻게 팔아넘길지나 고민해 봐. 모르긴 몰라도 경매에 올리면 수십 억은 받을 수 있겠어. 지금 바로 경매에 넘기면 경찰이나 인터폴에서 조금 시끄러워질 테니까 잠잠해질 때까지 기다렸다가 바로 추진해 봐. 그리고 홍콩에 있는 사키 회장에게 연락해 놓고. 곧 만나러 간다고 해."

"네, 회장님!"

"음 하하하, 아주 잘됐어. 역시 사람은 똑똑하고 봐야 해."

유물왕은 흡족한 듯 연신 칼칼한 목소리로 웃음을 터뜨렸다. 그때 인터폰이 울렸다.

"회장님, 노르웨이 짜카리 회장으로부터 전화가 왔습니다. 안으로 연결해 드릴까요?"

"아니야. 내가 방으로 갈게."

유물왕이 사무실 문을 열고 밖으로 나갔다. 유물왕이 나간 후 박 비서가 정 실장에게 말했다.

"실장님, 그런데 그놈들 엄청 똑똑하지 않습니까? 곱해도, 더해도 다시 돌아오는 수를 찾다니요? 저는 이게 무슨 말인가

하고 아무리 생각해도 이해가 안 되던데요."

"그러게. 내가 어릴 때는 꿈에도 생각 못 했던 수준인데. 난 +, -를 연결해서 답을 풀어낼 때 깜짝 놀랐어. 요즘 애들은 다들 이렇게 똑똑한 거야?"

"요즘 초등학생들이라고 다들 그런 것 같지는 않고, 이번에 제대로 된 팀이 만들어진 것 같습니다. 그래서 영원히 수수께끼로 남아 있을 만한 문제가 깨끗하게 풀렸어요. 뫼비우스의 숲, 카피몽, 매직매스마을까지. 10년 동안 그토록 찾던 유물이 드디어 우리 손에 들어오겠군요."

"그래그래, 아주 기쁜 일이야. 일이 아주 잘 풀린 것 같아."

정 실장도 흡족한 미소를 보였다.

공부에 도움이 되는 수학·과학 톺아보기

★ 톺아보기란?
'샅샅이 더듬어 가면서 살피다.'
라는 순우리말입니다.

1. 다음 그림을 보고 회로도를 그려 보시오.

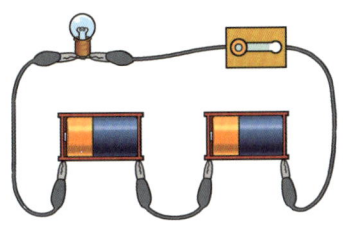

2. 다음 회로도에서 전류가 흐르는 방향을 화살표로 표시하시오.

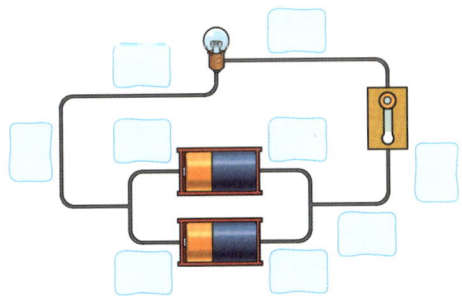

3. 전지를 직렬연결한 회로도를 그리고 병렬연결과 비교해 특징을 서술하시오.

4. 전구를 병렬연결한 회로도를 그리고 직렬연결과 비교해 특징을 서술하시오.

안전을 위한 정면돌파

하늘에서 비추는 햇빛을 따라 동굴을 무사히 빠져나왔다. 카피몽들도 신나게 아이들을 따랐다. 이제 목적지로 시간 내에 가기만 하면 됐다.

"우와, 완전 신난다. 상금 받으면 진짜 엄청 좋겠다. 그치?"

"그러게 1억이면 자장면이 도대체 몇 그릇이냐? 자그마치 20,000그릇, 1,000원짜리 아이스크림은 100,000개."

"정말 그렇게 많이 먹을 수 있어? 근데 1억이면 0이 몇 개 붙는 거야?"

찬혁이가 물었다.

"0이 4개 붙으면 만이 되고, 1억이면 0이 8개가 붙는 거지. 그래서 10,000×10,000해야 1억이 되니까. 만원의 10,000배, 만 원짜리 피자를 10,000판 먹을 수 있고, 5,000원짜리 자장면을 5,000×2해서 10,000원을 만들면, 자장면을 20,000그릇 먹을 수 있어. 또, 1,000원짜리 아이스크림은 1000×10으로 10,000원을 만들면 100,000개 먹을 수 있다고."

세라가 빠르게 계산하며 대답했다.

"오, 대단해. 암산 잘한다더니 계산이 엄청 빨라졌구나. 근데 0이 많이 붙는 큰 수도 잘 읽을 수 있어? 난 이거 무지 헷갈리던데."

"그건 네 자리씩 끊어서 읽으면 돼. 그러니까 뒤 일의 자리부터 네 자릿수마다 만, 억, 조를 붙이면 되는 거야. 예를 들면, 5327594049562853라는 수가 있다면 뒤부터 네 자리씩 끊어서 5,327조 5,940억 4,956만 2,853이라고 읽으면 돼."

"혹시 542천원, 2178천명 이런 것도 읽을 줄 알아? 책을 읽다 보면 이런 단위가 나오던데……."

"그건 마지막 숫자에 천원을 붙여서 읽는 거야. 숫자를 간단하게 나타내기 위해 그렇게 쓰는 경우가 있어. 읽는다면 54만 2,000원, 217만 8,000명 이렇게 되는 거지."

"이야, 세라 대단하다."

아이들 모두 깜짝 놀랐다.

"말도 마. 요즘 공부하느라 죽을 지경이었어. 중학교에 가면 어려워진다고 엄마가 얼마나 잔소리를 하는지……."

큰 수 알아보기

❶ 1325000000000000라는 수가 있다면,
먼저 일의 자리부터 1325/0000/0000/0000처럼 네 자리씩 끊는다.
그리고 조, 억, 만 단위를 넣어 1325조라고 읽는다.

1	3	2	5	0	0	0	0	0	0	0	0	0	0	0	0
천	백	십	일	천	백	십	일	천	백	십	일	천	백	십	일
조				억				만				일			

❷ 수 감각 기르기

7645	칠천육백사십오
4832 7645	사천팔백삼십이만 칠천육백사십오
3749 4832 7645	삼천칠백사십구억 사천팔백삼십이만 칠천육백사십오
9023 3749 4832 7645	구천이십삼조 삼천칠백사십구억 사천팔백삼십이만 칠천육백사십오

"근데 세라 넌 상금 받으면 뭐할 거야?"

"난, 이쁜 옷 엄청 사고 싶어. 동진이 넌?"

"응. 난 그냥 조금 쓸데가 있어."

동진이는 아프신 할머니가 생각났다. 아빠의 사업이 실패하고 가정 형편이 어려워지자, 부모님은 동진이를 시골에 계신 할머니께 맡겼다. 할머니는 동진이를 무척 귀여워하셨지만 농사까지 지으시느라 고생을 많이 하셨다. 동진이는 상금을 받으면 한국에서 제일 수술을 잘하는 의사 선생님께 부탁해서 할머니의 병을 고쳐 주고 싶었다. 할머니 생각에 코끝이 찡해지고 눈물이 뚝 떨어지려는 걸 친구들 앞이라 꾹 참았다.

"이제 도착지까지는 얼마 남지 않은 것 같아. 도착지는 이곳에서 지도상으로 8cm 그러니까 1:50,000 축척 지도에서 실제 거리를 계산하면 8×50,000=400,000cm. 즉, 4km 정도 된다고 봐야 해. 넉넉하게 3~4시간 정도면 될 것 같구나."
나 박사가 나침반과 지도를 보며 말했다.
"삼촌, 시간 안에 도착하는 건 확실하고. 우리가 1등이겠죠?"
"확실하지는 않지만 조금 기대해도 되지 않겠니? 마무리가 중요할 것 같구나. 아직 시간적 여유가 충분히 있으니까 천천히 정확하게 가자꾸나."
나 박사와 아이들은 방향을 동쪽 3시 방향으로 잡고 움직이기 시작했다. 올 때와 다른 점이 있다면 카피몽과 함께라는 거였다.

우거진 밀림을 빠져나와 개울을 만났다. 시원한 물이 숲속을 흐르고 있었다. 개울물에 나뭇잎이 어른어른 반사되고 물소리도 졸졸졸 제법 듣기 좋았다.
"박사님! 우리 여기서 잠깐 쉬었다 가요."
"그럴까? 잠시 발도 좀 담그고 쉬었다 갈까? 보물도 이미 찾았으니……."

나 박사도 흔쾌히 대답했다.
"역시 개울물이 시원하구나. 기분도 좋고……."
"네. 뜨거웠던 몸이 금방 식었어요. 발은 벌써 차가운 걸요."
어느새 모두 양말까지 벗어 발을 퐁당 담그고 물 안에 서 있었다. 찬혁이는 절로 노래가 나왔다.
"개울가에 올챙이 한 마리, 꼬물꼬물 헤엄치다~.
뒷다리가 쏘옥, 앞다리가 쏘옥, 팔짝팔짝 개구리 됐네."
흥에 겨운 찬혁이가 큰 소리로 노래를 부르며 율동을 했다. 율동이 앙증맞고 귀여웠다.
"너 귀여운 구석이 있구나."
세라가 찬혁이의 이마를 손으로 툭 치며 웃었다.
"아니, 오빠에게 귀엽다니?"
찬혁이가 눈을 크게 뜨고 세라를 바라봤다. 하지만 별로 싫지 않은 눈치였다.
"네가 뭘 봐서 오빠냐? 내가 어딜 보나 누나지."
"고뤠? 니가 누나야?"
이번에는 찬혁이가 개그 박스에서 나오는 개그맨 흉내를 냈다. 모두 한바탕 웃었다.
"저거 보이니? 저기 물 안에 작은 송사리들 좀 봐."
세라가 손으로 가리켰다. 3, 4마리 정도 되는 작은 물고기들이 개울 안을 헤엄치고 있었다. 돌멩이를 들추자 그 안에 숨어 있던 수십 마리 물고기 떼가 확 흩어져서 도망갔다.
그때였다. 또다시 무전기에서 칙칙 소리와 함께 말소리가 들렸다. 또렷하고 확실한 남자 음성이었다.

"지금 어디쯤 오고 있는 거야?"

"숲 능선을 따라서 오다가 지금 좀 쉬고 있는 것 같습니다. 이상 없이 계속 추적 중입니다."

나 박사는 쉿 하고 아이들을 향해 고개를 돌렸다. 계속해서 남자의 목소리가 무전기에서 흘러나왔다.

"지난번 일로 연락받은 건 없고?"

"깨끗하게 잘 마무리했습니다. 지금까지 아무 문제가 없다면 잘 해결된 것 아니겠습니까?"

"그래, 아주 잘했어."

"그런데 말입니다, 실장님."

"응, 말해 봐."

"이번에 그들 중에서……."

치익치익 거리더니 말소리가 끊겨 버렸다. 나 박사는 계속 입에 손가락을 대고 조용히 하라고 했다. 그리고는 무전기 3대를 가방에서 꺼내 물가에서 조심스럽게 분해하기 시작했다. 무전기 안쪽에서 작은 자석같이 생긴 동그란 물체가 나왔다. 나 박사는 아이들에게 그것을 보여준 후 떼어서 숲속 나무 틈에 던져 버렸다.

"도청장치였어. 누군가 우릴 미행하고 있었어."

"네?"

아이들은 깜짝 놀라 외쳤다.

"전파 장치 혼선으로 상대방의 목소리가 들렸던 거고. 확실한 건 아니지만 뭔가 낌새가 좋지 않구나."

나 박사는 10년 전 프로젝트와 지금 보물찾기 대회가 연관된 것이 아닐까라는 생각이 계속 머릿속에서 빙빙 돌았다.

'혹시 어떤 음모에 빠져든 것이라면······.'

혼자서만 고민할 문제가 아니었다. 아이들 모두의 안전이 걸린 문제였다. 이제 아이들에게 싫든 좋든 말해 주어야 했다.

"얘들아, 사실은······."

나 박사는 자신이 알고 있는 모든 사실을 말하기 시작했다. 10년 전 자신이 보물을 찾고자 했던 이곳, 갑작스럽게 사라진 김 교수, 그리고 도청장치까지. 혹시 이 모든 게 하나로 연결된 음모가 아닌지 걱정스럽다는 이야기까지 했다.

"얘들아, 지금부터 너희들 의견대로 할게. 앞으로 어떻게 하면 좋겠니?"

나 박사가 아이들에게 생각을 물었다.

아이들은 보기보다 의젓했다. 겁을 먹거나 불안해 하지 않았다. 모두 함께 용기 있는 모습을 보여 주었다. 잠시 생각 후 재민이가 말했다.

"삼촌, 그럼 두 가지 시나리오가 있는 거네요. 첫 번째 시나리오는 이 대회와 예전 프로젝트가 아무 관련이 없는 거예요. 도청장치도 1등 상금을 노린 누군가의 소행으로 그럼 빨리 목적지까지 가야 해요. 두 번째 시나리오는 이 대회와 10년 전 프로젝트가 어떤 관련이 있어요. 도청장치는 주최 측의 소행일 가능성이 크고, 사라진 김 교수님도 관련 있을 수 있어요. 섣불리 목적지로 가면 위험해요."

논리적으로 정리해서 재민이가 이야기했다.

"하지만 시나리오 1이든 2든 우리는 지금 다른 곳으로 갈 수 없어. 식량도 다 떨어져 가고 숲에 남아 있는 건 더 위험해. 어차피 선택의 여지는 없는 거 아닌가?"

세라가 차분하게 말했다.

사실 세라의 말이 맞았다. 이런 숲에 남아 있는 것은 오히려 위험할 수 있었다. 인적도 없고 식량도 떨어진 지금으로선 주변에서 어떠한 도움도 받을 수 없었다.

"제게 좋은 생각이 있어요. 이왕 이렇게 된 거, 책을 미리 숨겨 놓고 가면 어떨까요? 가서 나쁜 사람들이면 책을 주지 말고, 괜찮은 사람들이면 책을 주고 상금을 받는 거죠. 책을 주지 않으면 우리를 함부로 할 수는 없을 거고요."

찬혁이가 말했다.

"오, 그래?"

다들 눈이 번쩍 뜨였다. 나름 괜찮은 아이디어였다.

"네. 어차피 누군가가 노리는 것은 책일 테니까요. 우리가 책을 가지고만 있다면 상황에 맞게 협상하면 돼요. 도청장치는 없어졌고, 우리의 계획은 아무도 모를 거예요."

"찬혁아, 아주 좋은 생각 같아. 복잡한 머릿속을 수형도로 그려보면……."

"갔을 때 안 좋을 확률은 2개 중의 1개 50%인데, 안 갔을 때 안 좋을 확률은 2개 중의 2개 100%. 바꾸어 보면 갔을 때 좋

을 확률은 50%, 하지만 안 갔을 때 좋을 확률은 0%. 일단 가고 봐야 할 것 같아요."

재민이도 가자는 쪽으로 마음이 기울었다. 동진이도 친구들 말에 따르기로 했다.

 교과서에서 찾아볼까!

아이들의 선택! 가능성 살펴보기

❶ 가능성
어떤 상황에서 특정한 사건이 일어나길 기대할 수 있는 정도.
예) 내일 비가 올 가능성은?

❷ 사건이 일어날 가능성의 정도
절대 불가능(0)과 무조건 일어남(1)의 사이에 있음.
예) 주사위를 던져 7이 나올 가능성:0(절대 불가능)
　　흰 바둑돌 4개 중에서 흰 바둑돌이 나올 가능성:1(무조건 나옴)
　　흰 바둑돌 3개, 검은 바둑돌 1개일 때 흰 바둑돌이 나올 가능성
　　: 3/4(가능성이 높은 편)
　　흰 바둑돌 3개, 검은 바둑돌 1개일 때 검은 바둑돌이 나올 가능성
　　: 1/4(가능성이 낮은 편)
　　아이가 태어날 때 남자로 태어날 가능성
　　: 1/2(가능성이 반)

절대 불가능	가능성이 낮다	가능성이 높다	무조건 가능
◁ ◁ ◁ ◁ ◁ 가능성의 정도 ▶ ▶ ▶ ▶ ▶			
0 ◀――――――――――▶			◀――――――――――▶ 1

"그럼 다들 정면 돌파하는 걸로 동의하는 거지."

나 박사가 말했다.

"네, 박사님."

"좋아. 그럼 가는 거다. 우리 모두 잘될 거라는 마음을 먹고 씩씩하게 가자."

생각을 정리하고 모두 다시 앞으로 나아갔다.

"거의 다 온 것 같아."

동진이가 지도를 보며 말했다.

시간이 지날수록 긴장감이 더해졌다. 한 걸음 한 걸음 목적지는 가까워졌다. 좌표 3번 지점, 목적지에 드디어 도착했다. 빈 터에 작은 천막이 보였고, 낯익은 얼굴 둘이 나 박사 일행을 기다리고 있었다. 대회 시작 때 만났던 정 실장과 박 비서였다. 심장이 쿵쾅거렸다. 나쁜 사람들이 아니길 바라는 마음, 순조롭게 1등을 하고 상금을 받았으면 하는 생각뿐이었다.

나 박사 일행을 보자 그들은 일어나 박수를 치면서 환영했다.

"오, 드디어 오셨군요. 환영합니다. 귀여운 원숭이들도 같이 있군요. 어떻게 보물은 잘 찾으셨나요?"

"아니요. 저희는 못 찾았습니다. 시간 내에 못 올 것 같아 그냥 포기하고 돌아왔습니다."

나 박사가 짐짓 딴청을 피웠다. 사실 목적지 1km 정도 앞 나무 밑에 책을 묻어 두고 왔다.

"아, 이런 안타깝군요. 가장 빨리 오시긴 했는데, 보물을 찾지 못하셨군요."

"네, 아무래도 저희의 능력이 부족했던 것 같습니다. 어차피 저희 팀은 탈락했으니, 혹시 숨겨둔 보물이 무엇인지 알려줄 수는 없습니까? 너무 궁금하네요."

"네. 그것은 매직매스학파의 유물이었습니다. 마법을 연구했다는 수학자들인데, 그것을 찾는 게 이번 미션이었지요."

"오, 그렇다면 수학사적으로도 가치가 있을 것 같은데, 찾으면 어떻게 되나요? 제 생각엔 나라에 기증해야 할 것 같은데. 물론 학회에도 보고해야 할 테고요."

"물론입니다. 이런 가치 있는 유물에 네 거 내 거 주인이 어디 있겠습니까? 올바른 연구와 평가를 위해 당연히 공유해야지요. 박사님 말씀대로 학회의 올바른 평가를 거쳐 나라에 기증할 생각입니다."

"그런데 저희가 가지고 있던 무전기에 도청장치가 달려 있었어요. 이번 대회에 비겁한 방법으로 참여하는 사람들이 있는 것 같아요."

재민이가 말했다.

"도청장치가 있었다고요? 아, 이런 그랬었군요. 워낙 참가팀이 많아서 나쁜 마음을 먹고 참가했던 사람이 있었나 봅니다. 여러분을 유력한 후보로 보고 누군가가 도청장치를 사용했나 봅니다. 대회 운영상 미숙에 대해 사과드립니다."

"아, 아닙니다. 그럴 수도 있지요."

나 박사가 대답했다. 아이들은 서로 눈치를 보고 있다가 안

도의 눈빛이 되었다. 이야기를 들어보니 걱정했던 나쁜 사람은 아닌 것 같았다.

'괜한 걱정을 한 것 같아.'

동진이가 휴 하고 가슴을 쓸어내렸다.

"아저씨, 저 잠시만 다시 다녀올게요. 뭔가 두고 온 게 있어서요."

재민이와 찬혁이가 보물을 다시 가지러 가기 위해 눈짓했다.

"친구들, 어딜 가려고?"

"네, 잠깐이면 돼요. 1시간 내로 오겠습니다."

아이들은 급히 일어섰다.

"갈 필요 없을 것 같은데, 재민, 찬혁군."

정 실장이 한쪽 이를 보이며 왠지 기분 나쁜 웃음을 지었다.

"네?"

"이거 찾으러 가는 거 아닌가?"

밖에서 천막 틈으로 무언가가 건네졌다. 매직매스학파의 마법 수학책이었다. 그 순간 아이들 주변에 숨겨져 있던 그물이 튀어나와 나 박사와 아이들을 덮쳤다. 미처 피할 틈도 없이 꼼짝 못 하고 모두 그물에 갇혀 버렸다.

"우리를 그렇게 허술하게 보다니 생각보다 빈틈이 많군. 도청장치는 잘 찾더니 무전기가 위성 추적기라는 생각은 못 하셨을까? 도청장치가 끊어진 후에 바로 이분들이 너희를 계속 따라다녔지."

천막 사이로 책을 건네준 건장한 남자 두 명이 나타났다.

 "도청이 안 된 후 우리가 얼마나 조마조마했다고. 저 앞 나무 밑에서 땅을 파고 책을 열심히 묻었다고 하던데, 고생 많았어."
 "아, 그리고 원숭이들도 잘 챙겨. 나중에 원숭이들 재롱이나 보게, 흐흐흐."
 등 뒤에서 누군가에게 말을 건네는 정 실장의 기분 나쁜 목소리가 들렸다. 나 박사 일행은 두 눈이 가린 채 차를 타고 어딘가로 한참을 끌려갔다.

공부에 도움이 되는 수학·과학 톺아보기

★톺아보기란?
'샅샅이 더듬어 가면서 살피다.'
라는 순우리말입니다.

1. 이번 주 복권 당첨 1등 숫자는 4,832,495,577,260이다. 이 숫자를 읽어 보시오.

2. 다음 도표에서 재민이와 찬혁이가 사용한 돈은 모두 얼마인가?

구분	재민	찬혁
천원(단위)	240	180

3. 검은색 천 안에 흰 구슬이 4개, 파란 구슬이 5개, 노란 구슬이 3개가 들어 있다. 손을 넣어 구슬을 집으려고 한다.

   ❶ 흰 구슬이 나올 가능성을 구하시오.

   ❷ 파란 구슬이 나올 가능성을 구하시오.

   ❸ 노란 구슬이 나올 가능성을 구하시오.

   ❹ 구슬이 나올 가능성이 가장 높은 것은 어떤 색 구슬인가?

   ❺ 흰 구슬이 나올 가능성은 파란 구슬이 나올 가능성의 몇 배인가?

김 교수의 편지

철컥, 문을 여는 소리가 들렸다.

"자, 이곳에서 잠시 기다리시오. 조금 심심하겠지만 보물찾기보다 힘들지는 않을 거요, 크하하."

나 박사 일행을 끌고 갔던 박 비서의 목소리였다.

"눈가리개는 풀어 주고 가겠소. 내가 좀 착해서, 크하하."

박 비서의 듣기 싫은 웃음이 계속 이어졌다. 나 박사 일행은 어디인지도 알 수 없는 방에 꼼짝없이 갇혔다. 아이들은 금방이라도 눈물을 쏟을 것 같았다.

"이게 모두 내 잘못이다. 조금 더 신중하게 대처했어야 했는데, 너무 안일했어. 으, 이놈들에게 당하다니."

"박사님, 그런 말씀 마세요. 박사님 잘못이 아니에요."

세라는 나 박사를 위로했다.

나 박사와 아이들은 방을 둘러보았다. 방에는 침대와 싱크대, 취사 시설이 되어 있었다. 또, 방범창이 설치된 제법 커다란 창문도 나 있었다. 문은 밖에서 잠그고 한 사람이 의자에 앉아 지키는 중이었다.

'우리를 죽이거나 함부로 하지는 않을 것 같아. 그래도 쉴만한 방을 준 것 같군. 협상의 여지가 있겠어. 그나저나 도대체 이놈들의 정체가 뭐지?'

방에 갇혀 있으면서 나 박사의 고민이 깊어졌다.

30여 분이 지나고, 밖에서 이야기 소리가 잠깐 들리더니 문을 열고 한 사람이 들어왔다. 나 박사는 순간 꼼짝 못 하고 그 자리에 얼어붙었다. 그 사람은 10년 동안 행방불명됐던 대학 선배 김정민 교수였다. 김 교수도 나 박사를 보고는 아무 말도 하지 않고 잠시 문 앞에서 그냥 서 있었다.

"아니 어떻게 된 겁니까? 선배, 살아계셨군요!"

"말하자면 길어. 그때 일은 미안하게 됐네. 지금도 미안한 마음뿐이네."

"한국에서 얼마나 선배님을 찾았다고요."

"미안하네. 내가 지금은 아무 말도 하지 못하니 이해해 주게. 그냥 자네 얼굴 한 번 보러 왔어."

"그동안 어디 계셨던 거예요?"

"그건 지금 말해 줄 수가 없어. 나중에 때가 되면 이야기할 기회가 있겠지. 단지 자네들이 살아 있어서 다행이야. 그런데……."

김 교수는 무언가 말하려다 말고 고개를 돌려 밖으로 나가 버렸다. 연구실로 돌아온 김 교수는 마음이 편치 않았다. 나 박사와 아무것도 모르는 어린이들이 이곳 숲에 잡혀 온 것이 꼭 자신의 책임처럼 느껴졌다.

'아무 죄 없는 애들까지 이곳에 갇혀 있어.'

김 교수는 죄책감이 들었다. 자신이 지금까지 유물왕에게 협조하며 지냈던 일들이 머릿속을 지나갔다. 가족들까지 들먹이며 협박을 받았던 때를 생각하니, 나 박사 일행을 자신과 같은 상황에 놓이게 할 순 없었다. 김 교수는 갇혀 있던 아이들의 모습이 눈에 밟혔다. 지금까지의 생활에 후회가 밀려왔다.

"정 실장 그리고 박 비서 모두 모여 봐."
유물왕이 부하들을 모았다.
"마법 수학책은 잘 챙겨 뒀지?"
"네, 회장님. 금고에 아주 잘 넣어 두었습니다."
"그래 아주 잘했어. 그나저나 이놈들을 우리 편으로 끌어들일 방법이 없겠나? 나 박사도 그렇고 아이들도 그렇고 꽤 탐나는 놈들이란 말이야."
"그냥 협박해야죠. 이곳 숲속에서 영원히 집에 못 가고 죽게 된다고 겁을 좀 주면, 지들이 협조 안 할 수 있겠습니까?"
박 비서가 기분 나쁜 목소리로 클클거렸다.
"너는 생각이 너무 단순해. 무엇이든 그 정도로만 생각하니 발전이 없는 거야. 정 실장, 니 생각은 어때?"
"지금으로선 생각보다 잘 넘어오지 않을 것 같습니다. 김 교수를 조금 이용하면 어떨까요? 아무래도 자기와 친분이 있었던 김 교수가 말하면 흔들리지 않겠습니까?"
정 실장이 대답했다.
"그래그래, 좋은 생각이야."
"이봐, 당장 김 교수를 들어오라고 해."
유물왕은 바로 인터폰을 누르고 지시를 내렸다.
김 교수가 유물왕의 방으로 왔다. 김 교수를 보자마자 유물왕은 다짜고짜 말했다.

"김 교수, 이번에 나 좀 도와줘야겠어."

"무슨 일 있으십니까?"

"이번에 잡힌 나 박사랑 꼬맹이들 말인데……. 걔들이 꽤 쓸 만한 인재라서 욕심이 나는군. 김 교수가 직접 설득해 주면 어떨까 해서 말이오."

"아……, 네."

"아무래도 김 교수랑 나 박사는 전부터 알던 사이니까 좀 더 낫지 않겠소?"

"예. 알겠습니다. 회장님."

"자세한 것은 정 실장과 이야기하고, 그럼 나가 보시오."

김 교수는 고개를 숙이며 문 밖으로 나갔다.

잠시 후 정 실장이 김 교수 사무실로 들어왔다.

"김 교수, 회장님께서 조금 전 말씀하셨지만, 지금 나랑 같이 나 박사를 보러 갑시다."

정 실장이 퉁명스럽게 말했다.

"내 생각에는 편지를 쓰는 게 좋을 것 같습니다. 지금 나 박사는 굉장히 혼란스러운 상태일 테니, 많은 말보다는 짧더라도 진정성 있는 글이 좀 더 좋을 것 같습니다."

"오, 그거 괜찮은 생각이오. 그럼 빨리 편지를 써 보도록 하시오. 특히, 우리 회장님이 세상에 알려진 것과는 달리 꽤 좋은 분이시라는 것을 강조하고, 좋은 일도 많이 하시는 분이라는 것도 꼭 넣으시오."

"그러도록 하지요. 그럼 조금만 자리를 비켜 주시겠습니까?

아무래도 집중이 잘 안 돼서요."

"아, 알겠소. 공부 잘하는 사람들은 주위가 산만하면 일을 잘 못하지. 내가 잠깐 깜박했소. 그럼 1시간 있다 올 테니, 멋진 편지를 한 통 써 두도록 하시오."

김 교수는 편지를 써 내려가기 시작했다.

> 친애하는 나 박사
>
> 오랜만이군. 일단 많이 놀랐을 거라 생각하네. 이런 숲속에서 나를 만나다니……. 이게 무슨 일인가 하고 많은 생각이 들게 분명해.
>
> - (중략) -
>
> 난 지금 유물왕 회장님 밑에서 좋은 대우를 받으며 연구에 매진하고 있다네. 세간에 알려진 바와는 달리 유물왕 회장님은 참 좋으신 분이지. 괜찮다면 우리 같이 일해 보지 않을 텐가? 내가 미래는 무조건 보장하지. 날 믿어 보시게.
>
> 당신의 오랜 벗 김정민

여러 고민을 하며 썼던 김 교수의 편지가 완성되었다.

"다 되었소? 잠깐 편지 좀 봅시다."

정확히 1시간이 지나자 정 실장이 김 교수의 연구실로 들어왔다. 정 실장은 시간 개념이 아주 정확한 인물이었다.

"오, 역시 명필이시군. 아주 내용이 좋소. 마음에 들어요."

정 실장이 김 교수의 편지를 다 읽고는 말했다.

"자, 그럼 빨리 나 박사에게 가 봅시다. 김 교수께서 같이 가는 게 좋겠죠?"

"음, 그럴까요?"

"당연히 함께 가야 좀 더 신뢰가 쌓이지 않겠소. 어서 같이 가 봅시다."

문이 열리고 정 실장과 김 교수가 들어왔다.

"나 박사님, 안녕하십니까? 많이 놀라셨지요?"

"아니, 아저씨들은 나쁜 사람들이잖아요?"

찬혁이가 흥분해서 소리쳤다.

"이런 이런 찬혁군, 흥분하지 말고 내 이야기를 좀 들어 보지 그래."

정 실장은 흥분하는 찬혁이에게 말을 건넸다. 나 박사가 찬혁이에게 진정하라고 눈짓을 했다.

"인사가 늦었습니다. 저는 유물왕 회장님 밑에서 일하고 있는 정 실장이라고 합니다. 나 박사님 말씀은 익히 많이 들었습니다. 우리 회장님께서 극진히 모시라고 하셨는데, 조금 누추한 데 모시게 되어 죄송스럽습니다."

정 실장은 그동안의 모습을 싹 바꾸고 굉장히 공손한 태도로 말을 건넸다.

"그동안 고생 많으셨습니다. 며칠 동안 여러분의 실력을 잘 보았습니다. 저희 나름대로 검증이 필요해 불편하게 했다면 다시 한 번 사과 말씀드립니다. 저희는 남들이 말하는 불법 회사도 아니고 나쁜 짓을 하는 사람들은 더더욱 아닙니다. 정당한 방법으로 유물을 사고파는 장사꾼들이지요."

나 박사는 화가 치밀어 올랐다.

'어떻게 유물을 개인이 사고파는 게 가능한가?'

하지만 아이들을 위해서 섣부르게 화를 내는 것보다 일단 상대방의 말을 끝까지 듣고 상대방의 속셈을 알아내는 게 중요했다. 속으로 감정을 삭이면서 눈을 바라보며 고개를 한 번 끄덕였다.

"지금 저희가 찾고 있는 것들 중에는 수학 유물이 많이 있습니다. 그래서 우리는 이 방면에서 가장 실력이 우수한 나 박사님을 아주 좋은 대우로 모시고자 한 거죠. 한국의 연구소에서 받았던 봉급의 10배 이상은 저희가 확실히 보장해 드릴 수 있습니다. 물론 어린 친구들도 우리와 함께 하길 원합니다."

"만약 거절한다면요?"

나 박사가 낮은 목소리로 말했다.

"그건 별로 생각하고 싶지 않지만, 영원히 여기에 계시게 될 수도 있고, 옆에 있는 아이들의 안전을 장담할 수도 없겠지요."

정 실장이 눈을 돌려 옆에 있는 재민이와 친구들을 기분 나쁘게 쓰윽 훑어 내렸다.

"조금만 생각할 시간을 주시오."

"물론입니다. 갑작스러운 제안에 시간이 필요하시겠지요. 그런데 우리 김 교수님은 할 말씀이 없으신가요?"

정 실장이 옆에 있는 김 교수를 보며 고개를 까딱했다. 김 교수가 가지고 온 편지를 안쪽 주머니에서 꺼냈다.

"나 박사, 나와 같이 우리의 미래를 향해서 일해 보지 않겠나? 내 자세한 것들은 이 편지에 써 두었네. 긍정적으로 생각해 보시게."

나 박사에게 편지를 건넸다.

"그럼. 나 박사님, 잘 생각해 보고 이따 저녁 7시에 올 테니 답을 주십시오. 아이들을 위해서라도 부디 현명한 선택을 하시기 바랍니다."

정 실장이 말했다. 김 교수는 나가는 길에 창문 옆에 서서 나 박사에게 말을 걸었다.

"밖에 나팔꽃이 아주 예쁘게 피었구먼. 나 박사, 우리 예전에 저 나팔꽃으로 같이 연구 많이 했었지? 지시약 실험이 참 재미있었는데, 그때가 생각나는군. 다시 함께 실험을 할 수 있었으면 좋겠어."

"……."

나 박사는 아무 대답을 하지 않았다.

"아무튼 좋은 답변 기다리겠소. 이따 저녁에 다시 오리다."

정 실장이 말을 가로채며 김 교수를 데리고 밖으로 나갔다.

"삼촌, 제가 편지 읽어 봐도 돼요?"

김 교수가 나간 후 재민이가 편지를 꺼내 읽었다.

"유물왕에 대한 칭찬 일색이군요."

"그러게 완전 사람이 변했어. 유물왕의 충성스러운 부하가 다 된 것 같아. 나쁜 사람 같으니라고……."

나 박사는 혀를 끌끌 찼다. 나 박사는 생각할수록 기가 막히고 분하여 김 교수가 괘씸했다.

"박사님, 이제 우리 어떡하죠?"

"글쎄다. 하늘이 무너져도 솟아날 구멍은 있다는데, 무슨 방법이 있지 않겠니? 이대로 꼼짝없이 당하고만 있을 수는 없지."

나 박사는 특유의 긍정적인 모습을 잃지 않았다.

한국의 서울, 동진이네 집에 아이들의 가족이 함께 모여 있었다. 집 안팎엔 텔레비전과 신문사의 취재진들도 많이 와 있었다. 유물왕의 가짜 보물찾기 대회 개최 사건은 전국적인 뉴스가 되어 있었다. 재민이 엄마에게 이 사실을 들은 피해자 가족 중 누군가가 바로 언론사에 제보를 했고 보도를 통해 유물왕 사건의 모든 것이 알려진 것이다.

아이들의 신변에 대한 위험으로 이는 전국적인 이슈가 되었고, 사람들의 큰 관심을 받게 되었다. 또한, 초등학생을 속여 유물을 얻고자 한 유물왕에 대한 분노가 전 국민에게 들불처럼 일어나는 중이었다.

"우리 아이들은 모두 괜찮을까요?"

찬혁이 엄마가 울먹이며 말했다. 세라 엄마도 계속 옆에서 흐느끼고 있었다.

"별일 없을 겁니다. 어머님들 우리 모두 마음을 굳게 먹읍시다. 지금 정부에서도 발 빠르게 대처하고 있다고 하니 기다려 봐야죠."

동진이 아빠가 두 엄마를 위로하며 손을 맞잡았다. 모두 모두 기도하는 마음으로 아이들의 무사귀환을 기다리고 있었다.

"가만있어 봐라. 얘들아, 아까 밖에 무슨 꽃이 예쁘게 피었다고 했지?"

"나팔꽃이요. 삼촌, 나팔꽃이 활짝 피어 있어요."

창밖을 내다보며 재민이가 말했다. 건물 옆으로 나팔꽃이 예쁘게 피어 있었다. 보라색 나팔꽃이 화려한 색깔을 자랑하며 화사한 모습으로 밀림 속에서 자라고 있는 게 보였다.

'그래 분명 나팔꽃으로 지시약 실험을 했다고 했지? 하지만 사실 김 선배와 난 한 번도 지시약 실험을 한 적이 없어. 지시약이라, 나팔꽃은 밖에 피어 있고…….'

나 박사는 생각에 잠겼다.

'왜 갑자기 그런 말을 했을까, 단순한 착각이었나? 아니면…….'

나 박사는 머릿속이 복잡했다.

"얘들아, 다시 편지 한번 줘 보렴."

김 교수가 놓고 간 편지를 나 박사는 다시 주의 깊게 읽었다. 김 교수가 펜으로 직접 썼던 내용이 앞면에 바른 정자체 글씨로 적혀 있었다. 나 박사가 알고 있던 김 교수의 필체 그대로였다. 뒷면은 빈종이 그대로 백지였다. 나 박사는 코를 대고 킁킁거리며 편지의 냄새를 맡아 보기도 했다.

"혹시 말이야. 저 나팔꽃을 따올 수 있는 방법이 있을까?"

"나팔꽃요? 나팔꽃은 왜요, 삼촌?"

재민이가 눈을 동그랗게 떴다. 옆에 있던 동진이가 말을 이었다.

"근데 나갈 수가 없잖아요. 저기 문 밖에서 사람들이 저렇게 지키고 있는데……."

"그 그렇지? 혹시 좋은 방법이 없을까?"

나 박사가 알 듯 모를 듯 계속 혼잣말을 하다 고개를 숙이고 생각에 다시 잠겼다. 찬혁이는 창문을 열어 보았다. 창문은 잘 열렸지만, 두꺼운 방범창이 있어 나갈 수 없었다. 어른 한 뼘 정도 간격으로 방범용 창살이 떡하니 설치되어 있었다.

"밖에 아저씨들에게 말하고 제가 나갔다 올까요?"

세라가 말했다.

"아니야, 위험해."

"응, 괜한 의심을 받을 게 분명해. 감시만 심해질 거야."

걱정된 나 박사와 재민이가 세라를 말렸다.

"그러지 말고 박사님, 카피몽을 내보내면 어떨까요? 카피몽이 충분히 할 수 있을 것 같아요?"

찬혁이는 번뜩 카피몽이 떠올랐다.

"카피몽?"

나 박사가 카피몽을 바라봤다.

"네, 동굴에서도 나무 조각을 뽑아 왔었잖아요. 저 정도 나팔꽃은 쉽게 따올 거예요."

찬혁이는 확신에 찬 목소리였다. 카피몽이라면 창살 틈으로 쉽게 오갈 수 있을 터였다. 찬혁이가 카피몽에게 나팔꽃을 보여 주며 따올 수 있는지를 흉내 내자, 카피몽은 끼룩끼룩 웃었다. 자신감 있다는 표현이었다.

아이들은 카피몽이 나팔꽃을 따올 수 있도록 작전을 구상했다. 혹시 누군가 들어왔을 때를 대비해 시선을 끌기 위한 딴짓을 아이들이 문 앞에서 하기로 했고, 찬혁이는 창가에 서서 카피몽이 하는 것을 지켜보기로 했다. 만약 걸리면 카피몽이 꽃을 좋아해 창문 밖으로 달아나서 잡으려고 했다고 둘러댈 생각이었다.

"자, 출발!"

창가에 서서 동태를 살피던 찬혁이가 카피몽의 어깨를 툭 쳤다. 카피몽 두 마리가 신호와 함께 능숙하게 창틀 사이로 나갔다. 빠져나가는데 머리와 손발 어느 것 하나 방해받지 않았다. 빈터를 가로질러 순식간에 나팔꽃이 자라고 있는 곳으로 가더니 이리저리 폴짝폴짝 뛰며 나팔꽃을 잽싸게 꺾어 댔다. 손에 모인 꽃이 꽤 많아 보였다.

"이제 빨리 들어와."

찬혁이가 두 손을 들어 손짓했다. 카피몽이 찬혁이를 보고 여유 있게 방으로 뛰어 들어왔다. 물론 소리가 전혀 나지 않게 나팔꽃을 한 움큼 들고 있는 채였다. 나갔다가 오는데 30초도 채 걸리지 않았다.

"정말 잘했어!"

숨죽이며 노심초사 지켜보던 찬혁이가 주먹을 불끈 쥐었다.

재민이와 동진이는 카피몽의 활약에 엄지를 치켜들었고, 세라는 꺄야 소리가 나오는 걸 참고 있었다.

  나 박사는 꽃을 받아들고 주위를 살폈다. 아무도 보는 사람이 없는지 다시 한 번 확인했다. 그리고 방에 있던 냄비에 물과 나팔꽃 잎을 넣고 끓였다. 물이 뜨거워지며 나팔꽃에서 보라색 물이 점점 진하게 나왔다.

"자, 다른 사람이 보기 전에 빨리 치우자."

"박사님, 그런데 이게 뭐예요?"

찬혁이가 물었다.

"응, 나팔꽃으로 지시약을 만들었어. 아무래도 김 교수 행동이 수상해서 말이야."

빈 그릇에 지시약을 옮겨 담으며 나 박사가 말했다.

나 박사는 숨을 한 번 크게 내쉬고 보라색 물을 편지 뒷면에 떨어뜨렸다. 그러자 편지에서 신기한 일이 벌어졌다. 아무것도 없던 편지 뒷면에 빨간색 글씨가 보이기 시작한 것이다.

"앗!"

아이들이 깜짝 놀랐다.

"쉿!"

나 박사는 손으로 입을 가렸다.

"김 교수님이 우리에게 보내는 비밀 편지야. 다른 사람에게 걸리지 않게 조심해야 해."

그리고는 편지의 남은 부분에도 나팔꽃 지시약을 떨어뜨렸다. 김 교수가 보낸 비밀 편지가 선명하게 드러났다.

오늘 오후 5시 30분 탈출!
준비하기 바람.

"앗, 박사님 탈출하자는 것 같아요."

떨리는 목소리로 찬혁이가 말했다.

"그래, 그렇구나. 5시 30분이 되려면 얼마나 남았지?"

나 박사도 심장이 쿵쾅거렸다.

"한 1시간 정도 남았어요."

"어휴, 갑자기 왜 이렇게 떨리냐?"

재민이는 긴장되는지 괜히 방 안을 서성댔다. 카피몽들도 이런 분위기를 느꼈는지, 옆에서 흥분을 감추지 못하고 있었다.

째각째각 시계 속 초침 소리가 유난히 크게 들렸다.

"김 교수님께서 우리를 돕고 있는 거죠?"

동진이가 작은 목소리로 물었다.

"응, 그런 것 같구나."

"박사님, 그런데 이게 비밀 편지인지 어떻게 아신 거예요?"

"그건 아까 김 교수님이 나랑 한 번도 실험하지 않은 지시약 이야기를 하면서 나팔꽃을 말씀하셨는데, 거기서 추측하게 됐지. 워낙에 내가 똑똑하잖니?"

나 박사는 긴장된 가운데 유머를 잊지 않았다.

"그럼 여기에는 뭘로 쓴 거예요?"

"빨간색이 나온 것으로 봐서는 산성 용액 같아. 일반적으로 이런 천연 지시약을 만나면 산성 용액은 붉은색, 염기성 용액은 푸른색이나 노란색으로 바뀌지. 아마 식초나 사이다, 레몬즙 같은 산성 용액으로 쓰지 않았을까 싶구나."

"그럼 모든 꽃이 다 이런 지시약으로 쓰일 수 있는 거예요?"

재민이가 물었다.

"아니, 자연에서 지시약으로 사용하는 것들은 지금 우리가 사용한 나팔꽃이나 붓꽃, 자주색 양배추, 장미 등 안토시아닌이라는 색소를 가진 식물들이란다. 물론 실험실이라면 PH시험지, 리트머스종이, 페놀프탈레인 용액 등을 사용하면 된단다."

산과 바다 no! 산과 염기 yes!

나 박사가 말한 산성과 염기성은 과연 무엇일까요? 생활 속에서 여러 가지 용액은 산성과 염기성으로 나누어지고, 이는 리트머스종이나 페놀프탈레인 용액, 또는 자연 속에서 만든 천연 지시약으로 확인할 수 있다.

구분	푸른색 리트머스종이	붉은색 리트머스종이	페놀프탈레인 용액	성질
식초	붉은색			산성
유리 세정제		푸른색	붉은색	염기성
비눗물		푸른색	붉은색	염기성
묽은 염산	붉은색			산성
레몬즙	붉은색			산성
사이다	붉은색			산성
석회수		푸른색	붉은색	염기성
묽은 수산화나트륨 용액		푸른색	붉은색	염기성

잠깐! 쉽게 외워요

가을산은 푸른색에서 붉은색으로 변하고, 스님은 폐가에서 염불을 외운다.
(산성은 푸른색 리트머스종이를 붉게 변화시키고, 페놀프탈레인 용액은 염기성 용액에서 붉은색으로 변한다.)

공부에 도움이 되는 수학·과학 톺아보기

★톺아보기란?
'샅샅이 더듬어 가면서 살피다.'
라는 순우리말입니다.

1. 나팔꽃으로 산과 염기를 구분하는 지시약을 만들 수 있게 된 아이들은 주변의 모든 액체에도 모두 지시약 실험을 해 보기로 했다. 아래 액체를 산과 염기로 분류해 보고 산성과 염기성 액체의 양을 비로 표현해 보시오.(기준량은 염기성임)

〈보기〉
사이다(350㎖), 유리 세정제(1.5L), 레몬즙(50㎖), 비눗물(500㎖), 묽은 염산(100㎖), 석회수(200㎖), 묽은 수산화나트륨 용액(300㎖), 식초 (1L)

〈산성〉

〈염기성〉

2. 주변에 오래된 돌탑이나 건물 등을 보면 부식되어 있는 것을 보게 된다. 이는 산성비의 영향을 받은 것으로 산성 용액에 대리석을 넣으면 어떻게 되는지 써 보시오.

3. 우리의 주변에 산성과 염기성을 이용하는 경우는 아래와 같다.

〈산을 이용하는 경우〉
속 쓰릴 때 제산제 먹기,
회에 레몬즙 뿌리기,
도마를 식초로 씻기

〈염기를 이용하는 경우〉
변기용 세제로 변기 청소,
산성화된 토양에 석회 뿌리기,
김장독에 조개껍데기 넣기

이것으로 보아 산성과 염기성이 서로 만나면 성질이 어떻게 된다고 추론할 수 있는지 쓰시오.

탈출

"자, 빨리 나가자. 나 박사, 이쪽이야."

김정민 교수였다. 김 교수가 문을 열고 아이들을 향해 손짓하고 있었다. 방 안에서 초조하게 신호를 기다리던 나 박사와 아이들은 김 교수를 보고 후다닥 달려나갔다. 놀랍게도 밖에서 그들을 지키던 보초는 바닥에 쓰러져 있었다. 김 교수는 보초를 방으로 밀어 넣고 문을 닫아 버렸다.

"안심하고 내 뒤만 따라오렴."

김 교수가 길을 재촉하며 앞서 나갔다. 나 박사와 아이들도 서둘러 그를 따랐다.

"지금이 경비가 가장 허술한 때야. 저녁을 먹으려고 사람들 대부분이 식당에 있거든."

김 교수가 건물을 돌아 뒤편으로 조심스럽게 갔다. 큰 나무 두 그루가 건물 옆에 자라고 있어 하늘을 가리고 있었다.

"얘들아, 여기서 잠깐 쉬자꾸나."

김 교수가 나 박사 일행을 보며 숨을 몰아쉬었다.

"괜찮을까요? 저기 CCTV도 보이는데……."

나 박사가 불안한 눈빛으로 김 교수에게 말했다.

"여긴 안전해. 얼마 전에 CCTV가 고장 났으니, 이곳을 감시하는 눈은 없다고 봐야겠지. 이제 우린 저기 나무 사이로 나갈 거야. 자, 모두 준비해!"

잠시 숨을 돌린 김 교수와 일행이 나무 사이를 기어 비집고 들어가자 조그만 오솔길이 나왔다.

"여기서 지내면서 눈여겨봤던 비밀 통로인데, 이렇게 쓰이는구먼."

김 교수가 고개를 돌렸다. 얼굴은 벌겋게 상기된 채 땀이 비 오듯 흘러내렸지만, 아이들을 향해 옅은 미소를 띠고 있었다.

비밀통로를 나오자 길이 구불구불하게 이리저리로 나 있었다. 하지만 수풀이 무성하지는 않아 움직이기에는 그리 어렵지 않았다. 김 교수는 이리저리 주위를 둘러보며 앞서 나갔다. 아이들 뒤에서 나 박사는 혹시나 따라오는 사람들이 없는지 살피며 뒤를 따랐다.

"자, 계속 이 방향으로 올라가면 돼. 일단 누가 따라오지 못

하도록 조금 힘들어도 서두르자."

김 교수의 발걸음은 산 위로 향하고 있었다. 카피몽들이 김 교수 뒤에서 날렵하게 호위했다. 아이들은 산길을 오르는 카피몽들의 속도를 따라갈 수 없었다. 금방 지쳐 숨이 턱까지 차올랐다. 그때 뒤에서 세라의 소리가 들렸다.

"아! 발목이 삔 것 같아요."

뒤돌아보니 세라가 발목을 잡고 아파하고 있었다. 모두 세라 주위로 몰려들었다. 발목이 부어오르기 시작했다. 카피몽들이 세라의 주위를 빙글빙글 맴돌았다.

"이런, 어떡하지?"

큰 낭패였다. 여기서 머뭇다가 꼼짝없이 잡힐 게 뻔했다.

"그러지 말고 나에게 업혀라."

잠시 고민하더니 김 교수가 말했다.

나 박사가 자신이 업겠다고 했지만, 말리는 나 박사를 뒤로 한 채 김 박사가 세라를 들쳐 업었다. 더 이상 지체할 시간이 없었다.

"한 40분 정도만 올라가면 될 거야. 저 꼭대기로 올라가서 산악경비대에 도움을 청할 생각이네. 조난됐다고 하면 정부 헬기가 바로 날아올 거야."

김 교수가 나 박사를 보며 말했다.

"그럼 선배님은 어떡하실 건데요?"

"나? 난 이제 잘못 살았던 벌을 받아야지. 지금까지 내가 많이 미안했네."

김 교수가 나 박사의 손을 꼭 잡았다. 그의 눈이 글썽거리며 반짝이는 무언가가 비쳤다.

"할 말이 많이 있지만, 나중에 천천히 하세. 일단 빨리 올라가자고!"

김 교수는 얼굴을 돌리고 손등으로 땀을 훔쳤다. 말없이 세라를 업은 채 그렇게 몇 걸음 앞서갔을 때였다.

"교, 교수님 잠깐만요."

뒤따르던 찬혁이가 김 교수를 잡아끌었다. 그의 목소리가 심하게 떨리고 있었다. 모두 놀라 바라봤다.

"저, 저, 저기요."

찬혁이가 얼음이 된 채 어딘가를 가리켰다. 그곳은 커다란 바위가 있는 곳이었고, 그 뒤에서 누군가가 그들을 바라보고 있었다. 눈이 마주치자 뒤에 있던 사람들이 일어나 모습을 드러냈다.

아이들이 탈출을 준비하고 있을 때 인터폴 형사와 군인을 태운 아파치 헬기 두 대가 유물왕의 숲속 근거지 1km 떨어진 뒤편 산에 병력을 무사히 착륙시켰다. 숲속이라 헬기가 착륙할 곳이 마땅치 않아 두 개 팀으로 나뉘어 밧줄과 사다리를 이용해 숲에 내렸다.

"모두 장비 확인 바랍니다. 각 팀장은 확인 후 인원, 장비 이상 여부를 보고하시오."

병력이 모두 내리자 캅 국장의 지시에 따라 모두 장비를 확인하고 소지품을 점검했다. 그중에 눈에 띄는 인물이 있었다. 파인드 소장이었다. 그는 젊은 사람도 쉽지 않은 일을 노인의 몸으로 직접 해내며 작전 수행에 자신이 피해가 되지 않기 위해 노력하고 있었다. 헬기로 사다리를 타고 착륙할 때에도 직접 스스로 해내는 적극적인 모습을 보였다.

"유물왕은 우리의 후손들을 위해 반드시 잡아야 하오!"

파인드 소장이 캅 국장에게 다짐을 받듯 말했다.

"네, 물론입니다. 절대 놓치지 않을 겁니다."

"미꾸라지 같은 놈들이니 작은 빈틈도 있어서는 안 될 것이오."

그들의 대화에서 유물왕을 꼭 잡겠다는 결연한 의지가 느껴졌다.

캅 국장은 팀장들과 함께 지도를 펼쳤다. 지도와 실제 지형을 비교하니 생각보다 여기저기 빠져나갈 곳이 많아 보였다. 캅 국장은 애초 계획을 바꿔 두 조를 다시 네 조로 분리했다. 절대 도망가지 못하도록 네 곳으로 나누어 포위해서 덮치자는 것이었다.

팀장들과 협의가 끝나자 캅 국장이 모두를 불러 모았다. 그리고 그곳에서 작전을 설명하기 시작했다.

"지금부터 작전 사항을 전달하겠습니다. 현재 유물왕은 이곳에서는 잘 보이지 않지만 지도상 이곳, 실제 지형상은 8시 방향 저기 보이는 산 중턱에 머무는 것으로 판단됩니다. 모두 알고 있겠지만, 지금까지 유물왕은 엄청난 압박 속에서도 늘 탈출로를 확보하여 미꾸라지처럼 빠져나가는 모습을 보였습니다. 그래서 오늘은 우리가 목표물을 완전히 포위하고 한꺼번에 재빠르게 덮치려고 합니다."

파인드 소장이 고개를 끄덕였다.

"인원은 6명씩 네 개 조로 구성되며, 각 조는 조장의 책임 아래 동서남북으로 나눠져 모든 길을 차단하여야 합니다. 특히 남서쪽에 있는 큰 진출로는 2, 3조가 유기적으로 협력하여 막기 바랍니다. 목표물 공격 시간은 6시 20분이며 건물 밖 각 지점에서 10분 전까지 대기하시오."

모두 고개를 끄덕였다. 시계를 보니 정확히 4시 30분이었다.

"그럼 지금부터 지도상 좌표로 이동하시고, 그곳에서 아래로 진입로를 확보하며 내려가시기 바랍니다. 이동 시에는 놈들의 눈에 띄지 않도록 특별히 주의하시기 바랍니다. 무전 대기도 반드시 이루어지도록 하십시오."

"아, 그리고 혹시 누군가를 만나게 되면 상황에 따라 조치하시기 바랍니다. 혹여 저항할 수 있으니 모두 조심하시오."

캅 국장의 마지막 당부가 이어졌다. 캅 국장의 말이 끝나자 모두 신속히 이동을 시작했다.

김치밀 경감과 무대포 경위는 3조에 속해 있었다. 그들은 남쪽 진입로로 이동해서 내려가야 했다.

"뭐야? 캅 국장하고 있었으면 움직이지 않았어도 될 텐데. 군대는 줄을 잘 서야 한다지만, 이거 너무 불공평해."

김 경감이 투덜거렸다. 무대포 경위가 김 경감의 말을 듣고 어이구 하며 김 경감을 쿡 찔렀다.

그렇게 남쪽으로 간 김 경감과 무 경위는 조원들과 함께 조심스럽게 목표물로 움직이기 시작했다. 10여 분 정도 내려가자 드디어 숲속에 지어진 건물들이 나타나기 시작했다.

"숲속인데도 건물들을 많이 세워 놓았군."

무 경위가 따라가며 혼잣말을 했다. 나무에 가려 잘 보이지 않던 건물들이 드러났다. 건물들 대여섯 채가 수십 미터 반경에 들어서 있었고, 중앙 건물 위로 큰 위성안테나가 설치된 게 보였다.

"미리 도착한 조는 다른 조가 모두 도착할 때까지 각자의 자리에서 기다리시기 바랍니다. 그동안 상대 진영을 잘 확인해 주십시오."

이동 중 캅 국장의 목소리가 무전으로 들렸다. 캅 국장은 긴박한 작전 중 흔들림 없이 냉정하게 지시를 내리고 있었다.

"무 경위 떨리지 않나?"

뒤에서 김 경감이 무 경위 어깨를 툭 쳤다.

"떨리긴요. 이 정도쯤은 저에게 아무것도 아니죠. 선배님이 떨리시나 봅니다."

"이 더운 날씨에 떨리면 그게 정상이냐?"

김 경감의 농담에 무 경위가 피식 웃었다. 그들은 긴장의 끈을 놓지 않고 전방을 주시하며 조심스럽게 한 걸음 한 걸음씩 내려갔다.

"회장님 큰일 났습니다. 나 박사 일행이 모두 방을 빠져나갔습니다."

정 실장이 헐레벌떡 유물왕 방으로 뛰어들며 소리쳤다.

"뭐야? 보초 놈은 뭐한 거야?"

"보초도 지금 보이지가 않습니다. 아마 보초가 나 박사를 빼돌린 것 같습니다."

"뭐라고 그걸 말이라고 하는 거야? 당장 잡아들여."

유물왕은 책상을 쾅 내리치며 소리를 질렀다. 하지만 이것은 사실과 달랐다. 김 교수가 보초에게 수면제가 든 커피를 주었고, 보초가 잠이 든 사이에 모두 빠져나온 것이다. 보초는 나 박사가 갇혔던 방에서 그대로 잠들어 있었다. 잠시 후 박 비서도 방으로 뛰어 들어왔다.

"회장님, 김 교수도 보이지 않습니다. 왠지 김 교수가 연루된 것 같습니다."

"뭐야? 김 교수도 없어? 빨리 찾아와, 당장!"

유물왕은 얼굴이 빨개져 길길이 날뛰었다.

"드디어 우리가 탈출한 걸 알아차린 모양입니다."

갑자기 사이렌이 울리며 사람들이 허둥지둥 뛰어다니는 것이 보였다. 여기저기 문을 열고 무언가를 찾고 있었다.

"갑자기 놈들이 쏟아져 나올 수 있으니 잘 검거하십시오."

차분한 김 교수의 목소리였다. 그는 놀랍게도 캅 국장 옆에서 건물을 보며 설명을 하고 있었다. 산에서 찬혁이가 본 사람들은 유물왕의 검거 작전을 위해 내려가던 캅 국장의 2팀 소속 병력들이었다. 이들을 통해 나 박사와 아이들은 안전하게 탈출할 수 있었고, 보고를 통해 그 사실을 알게 된 캅 국장이 김 교수에게 도움을 청해 김 교수가 응하게 되었다.

"고맙습니다, 김 교수."

심리적 부담을 무릅쓰고 쉽지 않은 부탁을 들어준 김 교수에게 캅 국장이 고마운 마음을 전했다.

"아닙니다. 유물왕이 빨리 잡히길 바라는 마음뿐입니다."

김 교수의 말에 캅 국장이 고개를 끄덕였다. 그리고는 바로 무전으로 지시를 내렸다.

"지금 나 박사의 탈출을 눈치챈 유물왕의 지시로 나 박사를 쫓는 일당들이 나올 것이오. 그럼 자기 자리에서 그대로 대기하다 나오는 놈들을 실수 없이 잡기 바라오. 아직 우리의 존재를 모르고 있으니 모두 조용하게 작전을 수행하시오."

캅 국장의 말대로 헐레벌떡 몇 명의 직원들이 문으로 빠져나왔다. 그들은 나 박사 일행을 찾기 위해 우왕좌왕하다 곳곳에 잠복해 있는 인터폴 병력들에게 하나씩 체포되고 있었다. 인터폴 병력을 본 일당들은 깜짝 놀라 손을 머리 위로 올렸고 곧바로 제압되어 수갑이 채워져 끌려갔다.

"우와, 완전 짱이다."

멀찍이 떨어져 이 모습을 보고 있던 아이들은 난생처음 보는 진압 작전에 흥분을 감출 수가 없었다. 김 교수만 캅 국장과 함께 있고 아이들과 나 박사는 안전을 위해 건물과 조금 더 떨어진 곳에서 보호를 받는 중이었다.

아무런 준비 없이 나온 유물왕 일당은 무장해서 기다리고 있는 군인과 경찰들에게 힘 한번 쓸 수 없었다. 펼쳐져 있는 그물에 물고기가 와서 그대로 파닥파닥 걸리는 것과 같았다.

"나올 놈들은 모두 다 나온 것 같소. 자, 이제 진입을 시작하겠습니다. 아이들이 탈출한 후 뿔이 난 놈들이라 저항이 클 수 있으니 조심하시기 바랍니다. 10초 후 탄을 발사하겠소."

조용한 적막이 흘렀다. 태풍이 몰아치기 전 태풍의 눈과 같은 침묵이었다.

'펑!'

유리창이 깨지며 검은색 물체가 건물 안으로 떨어졌다. 곧이어 하얀 가루가 건물 내부에 퍼지며 뿌연 연기가 온 건물에 가득 차기 시작했다. 최루가스였다. 그와 동시에 방독면을 쓴 형사들이 건물 내부로 들이닥쳤다. 참가한 인터폴 병력 중 가장 정예 요원들이었다.

건물 안에 있다가 일시에 습격을 받은 유물왕과 일당들은 숨이 막혀 꼼짝할 수 없었다. 탈출할 수 있는 퇴로가 모두 차단된 채 무장한 요원들에게 생포되기 시작했다. 정예 요원들은 방 하나하나를 수색해 가며 숨어 있는 사람들을 샅샅이 뒤져갔다.

인터폴의 기습 공격에 유물왕 일당은 저항 한 번 제대로 하지 못하고 모조리 잡히고 말았다.

30분 정도 지나자 두 손을 머리 위로 들고 고개를 숙인 채 한 명씩 끌려 나오기 시작했다. 여러 사람 속에서 모자와 두건으로 얼굴을 가린 채 한 사람이 걸어 나왔다. 그 모습을 본 파인드 소장이 달려갔다. 그리고 떨리는 손으로 그의 모자와 두건을 벗기고 얼굴을 확인했다.

"드디어 잡았어!"

파인드 소장이 소리쳤다. 그토록 찾던 유물왕이었다. 유물왕이 검거되는 역사적인 순간이었다.

캅 국장의 무전 소리가 들렸다.

"상황 종료! 모두 고생하셨습니다."

수년 동안 계속되던 유물왕 검거 작전이 아무 인명 사고 없이 성공적으로 끝났다. 찬란한 태양이 하늘 높이 밝게 빛나고 있었다.

공부에 도움이 되는 수학·과학 톺아보기

★톺아보기란?
'샅샅이 더듬어 가면서 살피다.'
라는 순우리말입니다.

1. "숲속인데도 건물들을 용케 많이 세워 놓았군." 이라는 무 경위의 말처럼 산은 건물을 세우기가 쉽지 않다. 이처럼 우리 주변에서 볼 수 있는 산악 지형의 특징과 그곳에서 사는 사람들의 생활 모습을 2가지 이상 서술하시오.

2. 위치를 나타내는 방위는 크게 동서남북으로 나누어진다. 동서남북의 위치를 그려 보시오. 그리고 남서쪽과 북동쪽을 표시하여 보시오.

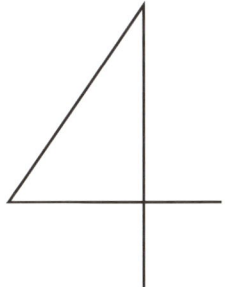

에필로그

　나 박사와 아이들은 구출된 후 한국으로 무사히 돌아왔다. 함께 구조된 카피몽들은 여러 사람의 의견에 따라 그들이 살던 곳으로 다시 보내졌고, 아이들이 찾아낸 매직매스학파의 마을은 세계 문화유산 등재가 고려 중인 가운데 마법 수학책과 카드는 나 박사와 아이들의 바람대로 수학 박물관에 기증되었다.
　유물왕은 자신이 지은 죗값을 치르기 위해 법정에 서게 되었고, 지금까지 숨겨온 많은 나쁜 짓들이 밝혀져 엄청난 추징금과 30년형을 선고 받았다. 물론 그의 부하 정 실장과 박 비서도 함께였다. 또한, 유물왕이 몰래 훔치고 빼돌린 엄청난 유물들은 모두 국고에 환수되었다.
　김 교수는 나 박사를 무사히 탈출 시킨 후 그곳에서 바로 인터폴에 자수했고, 자기가 잘못한 죄에 대해 벌을 달게 받겠다고 법정에 섰다. 유물왕에 협조하며 잘못한 일도 있었지만, 유물왕의 협박에 의한 것이었고 나 박사의 탈출을 도운 점, 자수한 점 등에 대해 정상참작을 인정받았다.
　나 박사는 수학연구소에서 활동하다 이번 모험 성과로 남극 세종기지 연구 팀장으로 2년 동안 특별 파견을 가게 되었다.
　'아, 이번에는 엄청나게 추운 곳이군. 핸드폰은 터지려나 몰라.'라고 투덜대며 말이다.

"어떻게 보았나? 아주 흥미진진했지?"

"네, 대단한 놈들 같습니다. 어떻게 꼭꼭 숨겨진 매직매스학파의 보물을 찾아낸단 말입니까?"

"어린놈들이 아주 똘똘하더군. 인간 세상에서 오랜만에 아주 흥미로운 구경거리를 보았어."

누군가 아이들의 모습을 보고 있었다. 커다란 구슬 속에 아이들의 모습이 드러났다. 그들이 있는 곳은 컴컴한 어둠이 짙게 깔려 있어 암흑과 같았다. 안개가 곳곳을 뒤덮고 발밑에는 뿌연 연기가 사방에서 스멀스멀 밀려왔다. 어둠과 안개로 그들이 공중에 떠 있는지 바닥에 발을 딛고 있는지 구분이 안 될 지경이었다.

"저런 똑똑한 놈들은 나중에 후환이 되지 않겠습니까?"

"음……, 커서 마법을 한다고 여기저기 헤집고 다닐지도 모르지. 더 기분 나쁜 건 자기가 수학을 잘한다고 착각하고 있다는 거야."

주인으로 불리는 사내가 양미간을 살짝 찌푸렸다.

"그래서 주인님께서 매직매스학파 놈들도 다 쓸어버리셨지 않습니까?"

"물론이다. 그놈들은 수학과 마법을 함께 연구하며 우리의 정체까지 알아내지 않았느냐? 그땐 네가 아주 잘해 주었다."

주인이 부하의 머리를 쓰다듬었다. 부하는 기분이 좋은 듯 몸을 이리저리 떨었다. 그리고 잠시 주인의 눈치를 보더니 주인에게 다가가 귓속말로 말했다.

"이번에도 제가 가서 처리하겠습니다."

잠자코 듣고 있는 주인에게 계속 말을 이어갔다.

"매직매스 놈들처럼 시원하게 처리하는 겁니다. 주인님께선 구경만 하십시오. 제가 모두 해결하고 오겠습니다. 깝죽거리던 매직매스 놈들도 제 술수에 모두 죽었지 않습니까? 왕 스승님도 전혀 눈치채지 못하셨고요."

"그때 우리 생각을 알았다면 스승님이 가만히 있었겠느냐? 지금의 마법 일인자인 우리도 아마 없었을 것이다. 흐흐흐."

주인이 기분 나쁜 웃음소리를 내자 부하는 자신의 활약상에 기분이 좋아져 어깨를 으쓱거렸다. 그는 아주 교묘하게 거짓말을 잘 만들어냈다. 매직매스학파를 못마땅해하던 주인의 모습을 보고 그들에게 큰 황금이 있다고 헛소문을 퍼뜨렸고, 돈을 노린 해적 떼에게 매직매스마을이 습격을 당하도록 한 것이다.

"인간 족속들이란 원래 남의 말을 좋아하지. 소문은 소문을 낳고 잘못된 이야기는 눈덩이처럼 퍼진다."

주인이 나직하게 말했다. 나직한 말소리였지만 음산한 기운이 주변으로 퍼져 나갔다.

"저에게 저 아이들을 해치울 수 있는 좋은 비책이 있습니다."

부하가 주인의 귀에 입을 더 가까이 가져가 수군거렸다. 한참을 듣던 주인이 말을 꺼냈다.

"이런 애송이들에게 그렇게까지 할 필요가 있겠나? 그건 나의 자존심이 허락하지 않아."

"제 말씀은 커서 화가 되기 전에 미리미리 손을 쓰자는 것입니다. 나중에 어떻게 될지 모르니 말이지요."

"나중? 난 지금도 그렇고 앞으로도 이 마법 세상에서 가장 뛰어난 존재이다. 내가 두려워할 이가 누구겠느냐?"

주인의 말이 조금 딱딱해졌다. 부하는 본능적으로 그것을 알아차렸다.

"물론입니다. 스승님도 완전히 처리해 버리셨고, 그 일 이후론 누구도 주인님을 대적하지 못합니다. 이제 마법 세상은 완전히 주인님의 손에 들어왔습니다."

"그것을 알면 너는 내가 시키는 대로만 해라. 나는 이제 절대 악의 근원이다."

"지당하신 말씀입니다. 저의 생명은 바로 절대 악의 근원이신 주인님의 것입니다."

부하는 주인의 기분을 살피며 머리를 조아렸다. 주인은 고개를 한번 끄덕이더니 무언가 생각에 잠긴 듯 한참을 움직이지 않았다. 누군가가 보았다면 잠을 자고 있거나 죽었다고 여겼을 것이다. 그는 그대로 몇 분간 가만히 있더니 드디어 눈을 뜨고 어슬렁어슬렁 어디론가 움직이기 시작했다. 옆에 있던 부하도 말없이 그의 뒤를 따랐다.

또 다른 마법 세상의 누군가도 아이들의 모습을 보고 있었다. 그는 아주 은밀하게 자신의 계획을 행동으로 옮기기 시작했다. 마법 세상을 통한 또 다른 모험이 아이들을 기다리고 있었다.

(2권에서 계속)

톺아보기 정답

p25
1. ① 6, 36, 56
   ② 120, 24, 24
   ③ 180, 210, 3600
2. 재민이가 미션 수행에 사용한 시간은 75분, 찬혁이가 사용한 시간은 138분이다. 따라서 찬혁이가 63분 더 걸렸다.
   답:찬혁, 63분

p39
1. ① 북극성
   ②

2. 4km
3. ① 15도, 10시 45분 ② 올라간다
4. 지구가 23.5도 기울어진 채 대양의 주위를 공전하므로 북반구(우리나라)가 고도가 높을 때는 남반구(호주)는 고도가 낮게 된다. 고도가 높을 때는 태양 빛을 많이 받아 여름이 되고, 고도가 낮을 때는 태양빛을 적게 받아 겨울이 된다.

p56
1. 30분
2. 예) 재민이는 전체 놀이의 $\frac{1}{3}$ 시간을 인라인을 탔다. 인라인을 탄 시간이 2시간이라면 재민이의 전체 놀이 시간은 몇 시간인가?
3. ① 생태계, 생태계
   ② 생산자, 소비자, 분해자
4. 풀→양→늑대→호랑이

p93
1. 뿌리가 흡수한 물을 줄기의 물관을 통해 잎으로 이동 시킨다.
2. 광합성
3. 남중고도
4. 태양의 고도가 높을수록 그림자의 길이는 짧아지고 태양의 고도가 높을수록 기온이 높아진다.(단, 지표면이 데워지는 시간으로 인해 태양의 고도가 가장 높은 시간은 약 12시 30분, 가장 더운 시간은 약 2시 30분이 된다.)
5. 초속과 시속을 같은 단위로 통일 시켜야 한다. 바람의 속력은 40m/s, 시속으로 바꾸면 144km/h가 되고, 기차의 속력 180km/h는 초속으로 바꾸면 50m/s가 된다. 이를 통해 기차의 속력이 더 빠른 것을 알 수 있다.
6.
   나침반 바늘도 자석으로 되어 있어 자석과 같은 극끼리 서로 밀고, 다른 극끼리는 서로 잡아당기게 된다.

p101
1. 지구의 자전 때문
2. [달의 위상 변화 이미지: 초승달(음력 2,3일), 상현달(음력 7,8일), 보름달(음력 15일), 하현달(음력 22,23일), 그믐달(음력 27,28일)]
3. 태양빛이 달의 표면에 반사되어 우리 눈에 보이기 때문에

p115
1. ① 3개
   ② 2개
   ③ ①번 과일이 1개 더 많다.
2. $1\frac{1}{2}$ m

p139
1. 정삼각형, 정사각형, 원
2. 113.04cm²
3. 평행사변형의 넓이 구하는 공식: 밑변×높이
   평행사변형을 세로로 잘라 한쪽으로 이어 붙이면 직사각형의 모양이 된다. 이를 통해 직사각형의 가로와 세로의 길이가 평행사변형의 밑변과 높이가 됨을 알 수 있다.
4.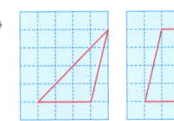
5. 12cm²

톺아보기 정답

p154
1. 빛의 직진
2. 빛의 굴절
3. 공기 중에서는 빛이 직진으로 인해 반듯하게 나아갔을 것이다. 그리고 물속으로 들어갈 때 빛의 굴절현상으로 인해 약간 꺾어져서 들어갔을 것이고, 물의 표면에는 반사되는 불빛이 보였을 것이다.
4. 149쪽 그림 참고

p172
1. ① 산소는 색깔이 없다.
   ② 산소는 냄새가 나지 않는다.
   ③ 물질이 타는 데 산소가 필요하다.
2. ① 이산화탄소는 색깔이 없다.
   ② 이산화탄소는 냄새가 나지 않는다.
   ③ 석회수와 만나면 뿌옇게 흐려진다.
   ④ 불을 끄게 한다.
3. 산소: 묽은 과산화수소수, 이산화망가니즈
   이산화탄소: 묽은 염산, 탄산칼슘
4. 72cm
5. 2100kcal

p193
1.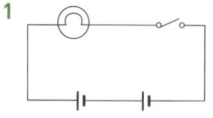
2.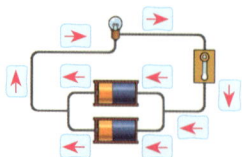
3. 병렬연결할 때보다 더 밝지만 전지가 빨리 소모가 된다. 전선이 하나의 길로 연결되어 있어서 전지 1개를 빼면 불이 꺼진다.

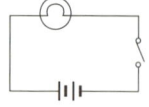

4. 전선을 여러 개로 나누어 각각의 전선에 전구를 한 개씩 연결한 것으로 직렬연결과 비교해 더 밝다.

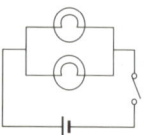

p208
1. 사조 팔천삼백이십사억 구천오백오십칠만 칠천이백육십
2. 420,000원
3. ① $\frac{4}{12}$ ② $\frac{5}{12}$ ③ $\frac{3}{12}$ ④ 파란구슬 ⑤ $\frac{4}{5}$배

p226
1. 1.5:2.5
   산성: 사이다, 레몬즙, 묽은 염산, 식초
   염기성: 유리세정제, 비눗물, 석회수, 묽은 수산화나트륨용액
2. 기포가 발생하며 대리석이 녹는다.
3. 서로의 성질이 약해진다.

p239
1. ① 산간지형은 높은 산과 고개, 계곡이 많고 산림이 우거져 있다. 논보다는 밭이 많고, 나무가 울창하게 우거진 곳은 자연휴양림으로 개발하기도 한다.
   ② 사람들은 산에서 잘 자라는 버섯, 약초와 같은 특용작물을 재배한다. 땅속에 있는 석탄 같은 광석을 캐내기도 한다.
2.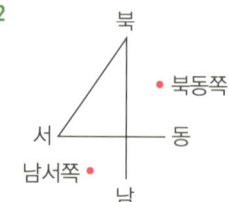